いじめを考える100冊の本

いじめを考える
100冊の本
編集委員会 編

駒草出版

はじめに

今、子どもたちは元気に学校に通っているでしょうか？

友だちと仲よく遊んでいるでしょうか？

一見、元気そうに見える子どもたちが、実はいじめにあっていて、誰にもいえずにひとりで悩んでいることはないでしょうか？

わたしたちはそんな子どものちいさな訴えを見逃したり、聞き逃したりしてはいないでしょうか？

毎日のように報道されるいじめ問題を読むと、子どもたちが多くの問題を抱えて生きているのが分かります。

いじめられる不安や、恐怖心から、ほんとうは楽しいはずの学校に行くのがつらくて、地獄のようだと思っている子がいます。心を壊され、病気になり、登校拒否や不登校、自死にまでいたる子がいます。小学生や中学生で、「生きているのがつらくてたまりません」「あいつらを絶対許しません」といって死んでしまうなんて、何と悲しく痛ましいことでしょう。

いじめられている子だけではありません。暴行や、傷害や、恐喝など、いじめている子にも、誰かを傷つけることで精神のバランスをとらなければいられないような、つらい問題を抱えている子もいます。

また、いじめを見てみぬふりをして、わが身の安全を図っている子にも、将来にわたって深い心の傷を残します。人間不信におちいって、その後の人生をうまく生きられない子どもたちがいます。

子どもたち一人ひとりが大切にされ、楽しく、生き生きと暮らせるために、いじめ問題の解決は何よりも急がなければならない事がらです。

どうしたらよいのでしょう。

一向に収まらない、いじめ問題にわたしたちはどう向き合ったらよいのか、これまで多くの人びとが、さまざまな立場から、発言し、提言してきました。本書はその中から、一〇七冊の本を選んで、読書案内としてまとめました。この本をまとめるにあたって、いじめについて、あまりにも多くの本があることにびっくりしたほどです。それだけこの問題が、根が深く広く、複雑で、すぐには解決のむずかしいことなのだと思います。

それでも、いじめで悩んでいる子どもたち、その親たち、そして学校の先生方に、いじめの実態や、子どもたちの心を知っていただき、このうちのどれか一冊でも、いじめ問題の解決のための手がかりとして、役立てていただけたらと願って、この本をまとめました。

いじめを考える１００冊の本編集委員会

二〇一三年六月

もくじ

小学校低学年　先生といっしょに考える

小学校中学年　友だちといっしょに考える

小学校高学年 クラスの中で考える

中学生 学校生活の中で考える

高校生　少しおとなになって考える

○できるだけ入手しやすい本、図書館で借りられる本を選びました。

○✎マークは、付記事項、また、編集委員会に寄せられた読者の声を紹介しています。

○本の定価は変わることがあります。

幼児

読みきかせながら考える

わたしから、ありがとう。

中島啓江《なかじまけいこ》 原案
河原《かわはら》まり子《こ》 作・絵

岩崎書店
2006年10月
1300円＋税

〈あらすじ〉

「へーんなの、ちゃらちゃらして!!」あっ　バイキン！　ちかよったらうつっちゃうよ！」 ブラッキーがさけぶ。わたしのまいにちを　あのこはまいにちまっくろにぬりつぶす。だから　ももちゃんは　あのこを　ブラッキーとよぶ。ももちゃんは　ブラッキーも　たすけてくれない　みんなも　だいきらい。ももちゃんは　がまんします。だって　もうすぐ　おひっこし。あとすこしの　がまん。かあさんは　みんなに　おわかれのときはだれもが『ありがとう』のきもちを　つたえるものだって　いって　みんなへの　プレゼン

わたしの　まほうの　ことばは　ありがとう

ももちゃんはおわかれの日、かあさんとやくそくしたとおり、「あなたのめをみて　ありがとう」といって一人ひとりにプレゼントをあげました。すると、みんながありがとうとこたえてくれます。ともだちなんてひとりもいないとおもっていたのに。

とうとうブラッキーのばん、ももちゃんが「ありがとう」っていったら、ブラッキーのめからなみだがこぼれて、ちいさなこえがきこえました。「ごめんなさい」。

このよのなかで　いちばん　かなしいことは　こころが　まずしいこ

と　いじめっこのブラッキーも　そのことに　きがつきました。だから
ももちゃんに「ごめんなさい」「ありがとう」が　いえたのです。
ありがとうって　すてきな　ことばだね。

トを　よういします。でも　ももちゃんは「わたしたくない。いやだ　ぜったいに　いやだ。」
かあさんなんか……とおこります。

ももちゃん、かあさんのめを
まっすぐ　みて。
ひとりひとりのめを　まっすぐにみるの。
それから『ありがとう』っていうのよ。

はなのすきなうし

マンロー・リーフ 作
ロバート・ローソン 絵
光吉夏弥《みつよしなつや》 訳

岩波書店
1954年12月
640円＋税

〈あらすじ〉

むかし、スペインにフェルジナンドという仔牛がいました。荒っぽいまわりの仔牛たちとは違い、フェルジナンドは草の上に座って静かに花の匂いをかいでいるのが好きでした。月日がたち、大きくなったフェルジナンドの住む牧場にマドリードから闘牛のスカウトたちがやってきました。いつものように草の上に座ったとき、運悪く大きなまんばちに刺されてしまいます。スカウトたちの前で大暴れしたフェルジナンドは一目で気に入られ、闘牛場に連れて行かれてしまいます。フェルジナンドは一体どうなってしまうのでしょうか。

認めて、見守ること

花が好きでいつもひとりでいる仔牛のフェルジナンド。彼のおかあさんは、時々息子が独りぼっちでさびしくないかしらと心配になります。どうして他の子どもたちと一緒に遊ばないのかたずねます。フェルジナンドは頭を振って「ぼくはこうして、ひとり、はなのにおいをかいでいるほうが、すきなんです」と答えました。母牛は、息子がさびしがっていないことを知り、好きなようにしておいてやるのです。母牛の登場シーンはこの数ページのみですが、私はこのシーンを読んでから、母牛になりました。ひとりで花の匂いをかいで過ごすフェルジナンドと、昼休みをひとりで過ごすわが子が重なったからです。

「友だちをたくさんつくりましょう。みんな仲良くしましょう」それが当たり前だと思っていたので、昼休みにひとりで過ごしていることを初めて知ったときはショックでした。うちの子は教室で孤立《こりつ》しているわけではありませんでした。みんなと遊んでいました。ただ、特定の友だちがいなかったのです。暇《ひま》だから寝ていた。ボーッとしていた。ひとりで図書室にいた。することがないから宿題してた、などなど。高学年になったとき、「昼休み暇だから」とよく昼休みに活動する委員会に入りました。……まだひとりでいたのかと落ち込みました。そのとき子どもは、「気の合わない子と無理して一緒にいるくらいなら、ひとりでいたほうがましだ」といったのです。はっとしました。今の私と同じだったからです。

　それからは友だちのことはなるべく口出しせず、見守るように決めました。わが子も大きくなり、気の合う友だちもできました。しょっちゅう一緒ではないけれど、気の許せる友だちができました。それでも「見守る」って難《むずか》しいですね。まだまだ葛藤《かっとう》中です。

　最後まで立派に見守った母牛は、私の心のお守りです。

そこで　おかあさんには、ふぇるじなん
どが　さびしがって　いない　ことが
わかりました。――うしとは　いうもの
の、よく　ものの　わかった　おかあさ
んでしたので、ふぇるじなんどの　すき
なように　して　おいて　やりました。

ともだちや

内田麟太郎《うちだりんたろう》 作
降矢《ふりや》なな 絵

偕成社
1998年1月
1000円＋税

〈あらすじ〉

キツネは「ともだちや」を始めることにしました。一時間一〇〇円で、友だちになってあげるのです。ちょうちんを持って、ノボリをかついで、キツネはやる気満々！

でも、なかなかうまくいきません。ウズラのお母さんには怒られ、クマとはなんだか話が合いません。キツネのこの「ともだちや」の商売はうまくいかないようです。

最後に出会ったオオカミとは、一体どうなるのでしょう？

友だちは売り物じゃなく、気がつけば、もう友だちなのです

この本を読んで、友だちの意味を考えました。

友だちは、もちろんお金を払ってなるものではありません。気の合う人もいれば、合わない人もいます。ぴったり合った人こそが、友だちなんだ！　と、この本を読むと思えます。

昨今、お金で繋《つな》がっていく友だちも増えているようで、それを苦に自殺する子もいるとニュースで見かけることもあります。

暴力や、陰湿《いんしつ》なことば、無視などのいじめのほかに、特定の人からずっとお金をとるといういじめは、最低な行為です。

小さい頃から、今でもこの本を読むと何かしら気がつくことがあるように思えます。

本当の「友だち」っていうのは、お金じゃないし、気がついたらなっているんだ、って、無意識にうれしいものなんだって、そのうれしさをみんなに感じてほしいのです。

明日も明後日も、会う約束をなにげなくしていますが、それがとってもうれしくて、とっても大切なことなんだ、とキツネをとおして再認識できます。

今、自分の友だちとの出会いや、これから先出会っていく人たち、そして疎遠《そえん》になっている友だち。その全ての友だちに、自分と友だちでいてくれることを感謝します。

これから、どんどん友だちが増えるであろう子どもたちに、友だちの大切さを感じてもらいたいです。

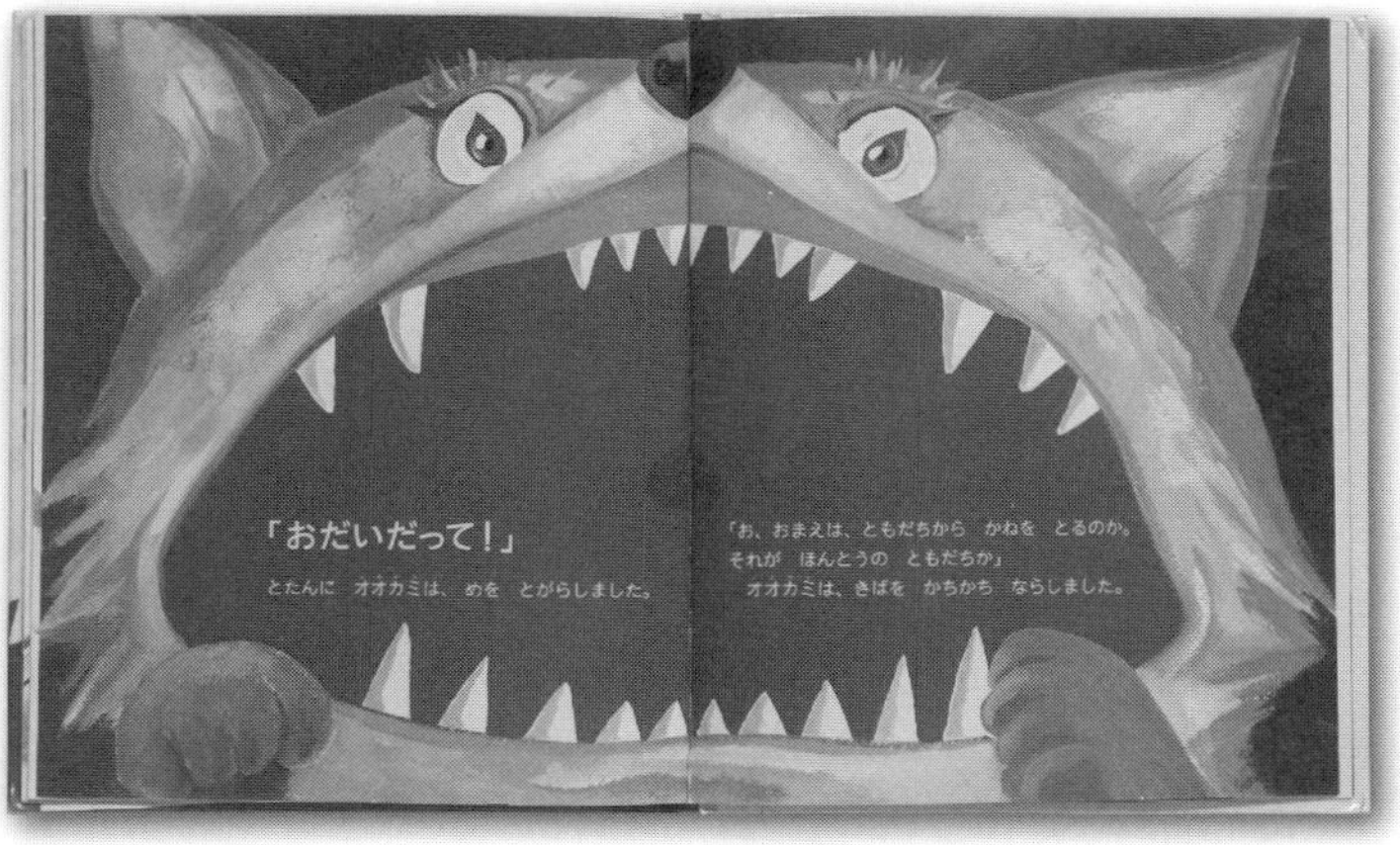

息子は、私が帰宅すると、「ともだちや、よもう」と大声をあげます。しかし、読んであげても、最後まで読み終えたことはありません。「ともだちや」の旗を持って出発するところが大好きで、なりきって家の中を歩きます。いつになったら最後のページまで読み終えることができるのでしょう。(20代・会社員・男性)

ないた赤おに

浜田廣介《はまだひろすけ》 作
いもとようこ 絵

金の星社
2005年5月
1400円＋税

鬼よりも気味が悪くみにくいのは人間の心

『ないた赤おに』は、児童文学作品ではめずらしく、悲しい結末を迎える物語です。

心優しい赤おには人間たちと仲良くなりたいと願いますが、人間たちは赤おにのことを最初から気味の悪い怖いものと決めつけて仲良くしようとはしません。これがこの作品を悲しい結末にしてしまう原因です。最初から人間たちが赤おにを、見た目ではなく、中身で判断できていたなら、最後はみんなで幸せになれたことでしょう。しかし、人間というのはやはりどうしても、まずは見た目で判断してしまう生き物ですから、最初から赤おにを受け入れてくれる人間はひとりもいませんでし

〈あらすじ〉

あるところに人間と仲良くなりたい心優しい赤おにがいました。でも人間たちはおにを怖がって仲良くなろうとはしてくれません。

そこで、赤おにの友だちの青おにが、「ぼくが村で暴れて人間たちを困らせるから、暴れているところをきみが止めてくれ」と提案します。人間たちの前で、赤おにが人間の味方だということを見せつければ、赤おには人間たちと仲良くなれるというわけです。

その後、作戦は大成功。人間たちは赤おにが優しいおにであることを分かってくれて、赤おには人間たちと仲良くなれました。しかし、その日から友だちの青おにが会いに来ませ

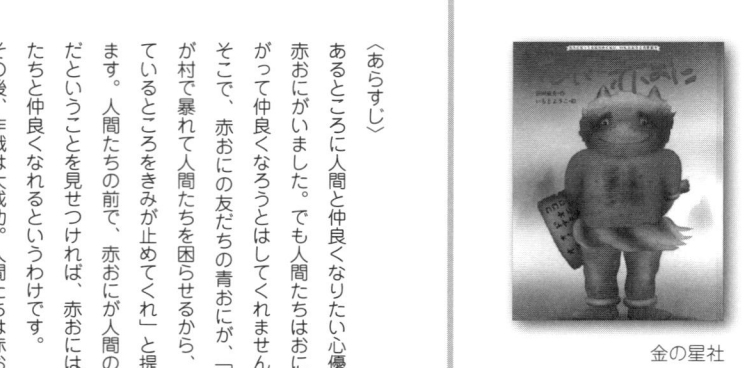

た。

友だちの青おには、がんばっても報われない赤おにの姿を見てかわいそうに思い、自分を犠牲《ぎせい》にして赤おにと人間の仲を取り持ってくれます。そして青おに自身は、赤おにの前から姿を消してしまうのです。赤おには、人間たちと仲良くなる代わりに青おにという大事な友だちをなくすことになります。最後の最後で青おにが自分の前から去ったことを知った赤おにはショックを受け、ただただ悲しくて泣くのでした。

この結末を受け、個人的な意見をいわせてもらえば、最後は人間たちに種明かしをして、赤おにも青おにも人間たちと仲良くなり、みんなで幸せになれました、という子どもの本らしい終わり方でいいと思います。

しかし作者がそれをしなかったのは、人間にそういうことをしたら最後、裏切り者として赤おにを扱い、赤おにと人間が二度と歩み寄れることはないという、人間のいやな部分を子どもたちに伝えるためだったのかもしれません。

ん。不思議に思って青おにの家を訪ねるとそこには別れの手紙があるのでした。

「水くさいことをいうなよ。なにか、一つの、めぼしいことをやりとげるには、きっと、どこかでいたいおもいか、そんをしなくちゃならないさ。だれかが、ぎせいに、身がわりに、なるのでなくちゃ、できないさ。」

さっちゃんのまほうのて

たばた せいいち
先天性《せんてんせい》四肢《しし》障害児《しょうがいじ》父母《ふぼ》の会
のべ あきこ・しざわ さよこ
共同制作

偕成社
1985年10月
1200円＋税

〈あらすじ〉
さっちゃんは、生まれつき右手の五本の指がない先天性四肢障がい児です。幼稚園に通う元気な女の子ですが、ある日ままごとのお母さん役に立候補したところが、みんなに「てのないお母さんなんておかしい。お母さんにはなれないよ」といわれ、走って帰り翌日から幼稚園に行かなくなりました。しばらくして弟が生まれ、お父さんと病院からの帰り道「ゆびがなくてもお母さんになれるかな」と訴えます。お父さんは、「素敵なお母さんになれる」「お父さんにちからをいっぱいくれるまほうの手だ」と伝えます。さっちゃんは、明日から幼稚園にいくことにしました。

環境は子どもの心の目を育てる

子どもの心は、日々の環境《かんきょう》の中で経験《けいけん》・体験《たいけん》することで積み重ねられ育っていきます。子どもの心はいつでも、知らないことばかり、「どうして」「なぜ」でいっぱいです。見たこと・感じたことをストレートに聞いてきます。

あるとき、四歳くらいの子がバス停で並んでいる列に、片足をなくした人が立っていました。初めて出会ったその子は、前後左右、まわりの人を見て「足一本なの？　どうして？」と不思議《ふしぎ》そうに聞きました。

こんなとき、当事者もまわりのおとなも説明に迷いますが、真摯《しんし》に子どもと向き合い、やさしく「どうして」「なぜ」に答えてあげることだと思います。「どうして」にいつでもやさしく答えてもらっている子は、愛されている自信とやさしい心の目で、どんなことも受け入れることができるようになるのではないでしょうか。「どうして」を思ったままに口にする子どもは、ときに残酷《ざんこく》に思えることがありますが、「どうして」の真実をたくさん知り、経験を重ね心の目が育つのでしょう。そして成長の階段を一歩ずつのぼり、つぎの初めてもしっかりと自分の栄養《えいよう》にしていくのでしょう。

そして、さっちゃんのお父さんがさっちゃんにいう、

「それにね　さちこ、こうして　さちこと　てを　つないで　あるいていると、とっても　ふしぎな　ちからが　さちこのてから　やってきて、おとうさんのからだ　いっぱいに　なるんだ。さちこのては
まるで　まほうのてだね。」

という言葉の意味がわかるようになるのだと思います。

「どうして」を受け止めてもらうたびに、外見のちがいで差別するのではなく丸ごと受容《じゅよう》できる「心の目」が育まれるのではないでしょうか。

「——おかあさんのだいすきな
さちこの　かわいい
かわいいて　なんだから……。」

いじめだよ！

フランチェスコ・ピトー 文
ベルナデット・ジェルベ 絵
栗栖《くりす》カイ 訳

ブロンズ新社
2003年1月
1500円＋税

ほんとうにこれって、いじめかな？

文章は夫、画を妻が担当するベルギー人の作家夫婦による絵本です。大きな画で文章は短く、文字はひらがなとカタカナだけ。本の見開きに大きな画があり、そして右側のページには必ず〝いじめだよ！〟のことばだけ、と構成もいたってシンプル。小さな子どもにもやさしく、巻末までテンポ良く一気に読むことができます。

ところが、内容は刺激《しげき》的、思わず「う〜ん」となりたくなるようなものばかりです。大胆なコントラストの赤・白・黒の三色のみで表現されたいじめの一例は、〈いもうとに「ゲジゲジ」「おたんこなす」「ブス！」なんていうのは…〉に始まり、〈みられたくないことをこっそり

〈あらすじ〉
じぶんさえよければなんて…
いじめだよ！
いもうとをふざけてこわがらせるのは
いじめだよ！
ふとっているこを　からかうのは
いじめだよ！
やせているこを　からかうのは
いじめだよ！

著者の出身国ベルギーは、人口一千百万人、面積は岩手県の二倍という小国。日本ではチョコレートやワッフルが有名で、のどかな

のぞきみ〉〈ひみつをいいふらす〉〈みみのそばできゅうにおおごえ〉、〈おはなにおしっこ〉〈なめくじのくしざし〉などとっぴに映るものまであります。ほかにも、過度のいたずらか？　暴力か？　解釈《かいしゃく》に苦しむものもあって、少なからず抵抗感を覚えるかも知れません。

でもおそらく、ここに著者のねらいがあるのです。

「人間がほんとに悪くなると、人を傷つけて喜ぶこと以外に興味をもたなくなる」とかつての文豪ゲーテがいった状態に、残念ながら人間は、たとえ小さな子どもでもおちいる可能性が充分にあります。そして、そのようにならないために必要なセンスを、いわば直観的なモラルとして身につけられるために、この本は、強い視覚の刺激をとおして、読む人の心と体の奥深くに入り込んでくるようなのです。

この本に〝いじめだよ！〟と書かれている内容を「そうだ、これはいじめだよ！」と鵜呑《うの》みにすることなく、疑いの目をもって立ち止まりたい。本に描かれた一つひとつのいじめの事例を「ほんとうにこれって、いじめかな？」と想像力と自分の経験とをフル動員しながら対話したい、読み聞かせにもおすすめの一冊です。

イメージがあるが、他先進諸国同様いじめ問題は深刻。二〇一二年には、いじめられるわが子の画像を母親がフェイスブックに投稿し、二日間で七万アクセスされニュースにもなった。

とべバッタ

田島征三《たしませいぞう》

びくびくしていてもつまらない。強い気持ちを持って飛べば必ず新しい世界がある

バッタは天敵《てんてき》から身を守るため、いつも茂みのなかでびくびくしながら隠《かく》れ住んでいました。しかしバッタは、こんな生活が嫌《いや》になり、これからは自分の望むとおりに生きようと一大決心をするのです。自分は太陽の光を浴びたい、大空へ飛んで堂々と生きたいのだと。そしてバッタは羽ばたくのです。当然、天敵がバッタを襲《おそ》います。

しかし、バッタの生きようという気持ちが力となり、今まで使ったことのなかった羽を使い危機《きき》を乗り越えるのです。

自分を信じて強い気持ちを持ち続ければ、それは必ず自分の力となる

一九八八年度 日本絵本賞

〈あらすじ〉

恐ろしい天敵から身を守るため、小さな茂みに隠れすんでいたバッタが、決心して大空に向かって羽ばたきます。

偕成社
1988年7月
1400円＋税

ということが、田島征三さんの力強い文と絵をとおして私たちの心にストレートに伝わってきます。自分には、まだ気づかない力があること、しかしそれは、自分自身で扉《とびら》を開かないと、きっと気づかないままでしょう。読めば自然と勇気と力が湧《わ》いてくることでしょう。バッタが応《おう》援《えん》メッセージを送ってくれているようにも思います。

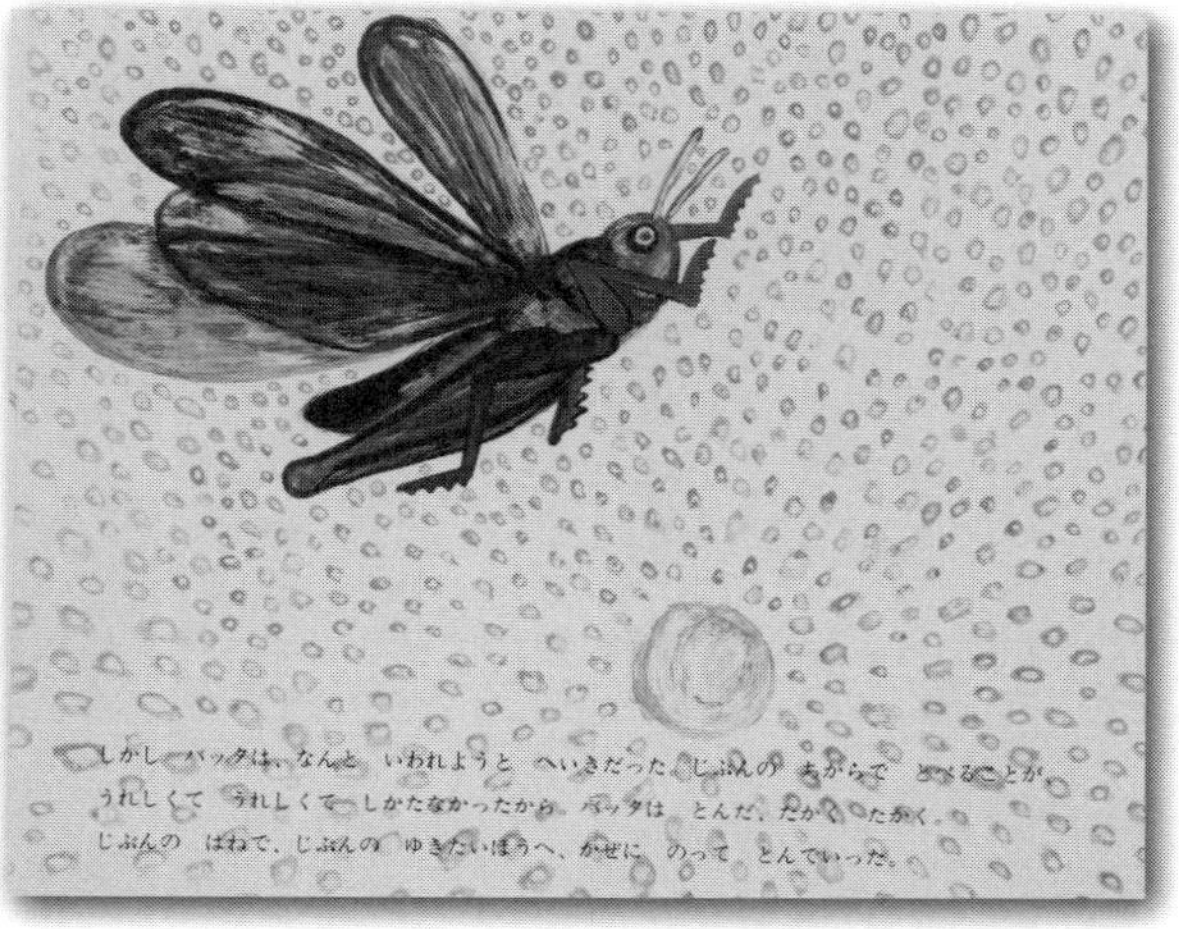

ちいさなしげみのなかに、バッタが いっぴき かくれすんでいた。そこには、おそろしいものたちがいて、バッタをたべてしまおうとねらっていた。だから、バッタはまいにち まいにち、びくびくしながら くらしていた。

あなた

谷川俊太郎《たにかわしゅんたろう》　文
長新太《ちょうしんた》　絵

福音館書店
2012年3月
1200円＋税

あなたと　わたしは　いつまでも　ともだち

「わたしは　わたし」「あなたは　あなた」わたしのまわりには、「あなた」がたくさんいます。「わたし」はひとりではいきていけません。わたしたちはみんなでたすけあって、いきています。ひとだけではありません。しぜんもたいせつな「あなた」のひとりです。

みなさんはおおきくなればなるほど、いろんな「あなた」にであいます。いつまでもたいせつなたくさんのともだちにあえるといいな。

たいせつなこと

マーガレット・ワイズ・ブラウン 作
レナード・ワイスガード 絵
うちだややこ 訳

フレーベル館
2001 年 9 月
1200 円＋税

〈内容〉
一九四九年から読みつがれている絵本です。詩のようなことばで、それぞれにとって「たいせつなこと」とは何かを教えてくれます。

あたりまえのたいせつさ、感じてほしい

ページを開くと、落ち着いた色彩で抑制のきいたトーンの絵と、ひらがなでつづられるシンプルな文章が目に飛びこんできます。

絵もことばも、決して派手さはありませんが、だからこそまっすぐに胸に入ってきます。

「いじめ」はどのようにして起こるのでしょうか。原因、理由はそのときそのときでいろいろありますが、「人と人とのちがい」を受け入れられないことが理由になることも多いと思います。だからみんな、友だちといるときに、自分自身をまわりに合わせて、自分をかくしてしまうのです。

だけど、本当に「たいせつなこと」は、「あなたが、あなたであること」なのです。

あなたは　あなた　あかちゃんだった
あなたは　からだとこころをふくらませ
ちいさないちにんまえになりました
そしてさらに　あらゆることをあじわっ
て　おおきなおとこのひとや　おんなの
ひとになるのでしょう

いっしょなら もっといい

ルイス・スロボドキン 作
木坂涼《きさかりょう》 絵

偕成社
2011年2月
1200円＋税

〈あらすじ〉
『たくさんのお月さま』でコルデコット賞受賞のルイス・スロボドキンが描く絵本。素朴な線で描かれる子どもたちが、ふたりでいること、誰かといることで、もっと生き生きと輝きます。

ひとりでもたのしいけれど、いっしょなら……

ひとりでいること、ひとりで過ごすことは、決してイヤなこと、つまらないことではありません。ひとりでも、十分楽しく遊べます。

でも、ふたりならもっと楽しくなります。シーソーで遊ぶならふたりのほうが楽しいはずです。

ひとりで、にぐるまをひいたり、ブランコをこいだり、ボートをこぐのだってできます。でも、ふたりでなら、ひとりでやるのよりも、もっとたくさんできるのです。

そして、ひとりよりふたり、ふたりよりよりさんにん、よにん、もっともっとたくさんいたら、もっともっと楽しくなります。

作者のルイス・スロボドキンのシンプルな線で描かれる、可憐《かれん》な子どもの表情が、誰かと一緒にいることの素敵さ、大切さ、豊かさを伝えてくれます。詩のように短く、選び抜かれたことばの、やさしく語りかけるような連なりで、一たす一が、二にも、もっともっとたくさんにもなって無限に広がっていきます。

読み聞かせにも、最適といえる一冊です。

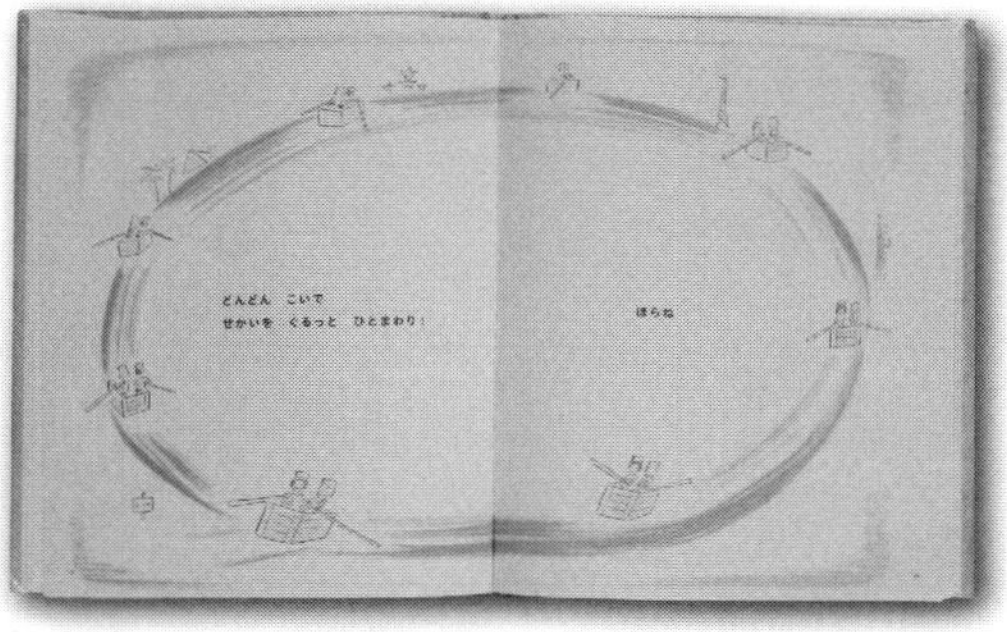

©1956 by Louis Slobodkin

ぼくひとりであそべるよ
でもね　ふたりなら　もっと
たのしくなる　ほらね

たった さんびき だけの いけ

宇治勲《うじいさお》 絵・文

だいじなことに気づいて

みずうみのそばにある、小さな池に住むカメとおたまじゃくしとさかなのお話です。

おたまじゃくしははじめ、自由に陸にあがれるカメをねたんで仲間はずれにしますが、自分がカエルに変わると、今度はさかなをバカにし始めます。

そして夏の日照りで池の水が干上がりかけたとき、カエルはだいじなものに気がつきます。

それぞれの生き物の気持ちになったらどう感じるか、親子で語り合ってほしい絵本です。（最初は憎らしいカエルですが、きっと途中からがんばれがんばれと応援してると思いますよ！）

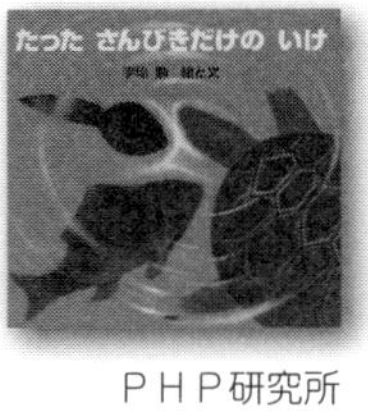

ＰＨＰ研究所
2007年4月
1200円＋税

小学校低学年

先生といっしょに考える

ボロ

いそみゆき 作
長新太《ちょうしんた》 絵

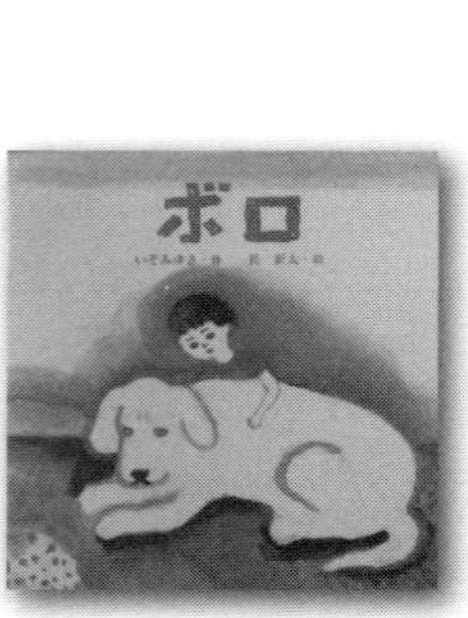

ポプラ社
1998年11月
1200円＋税

ボロと過ごすようになって

わたしはいじめられっ子です。ひるやすみにうわばきがなくなりました。なくなったのは二度目です。もう五時間目がはじまっているのに、うわばきは見つかりません。そのとき、ボロと出会います。毛並みはぼろぼろのモップのような犬でした。わたしは、「ぼろぼろのボロちゃん」と声をかけて、すぐ仲良しになりました。

うわばきは、教室のゴミ箱から見つかりました。

次の日の昼休み、教室に残っているのはわたしひとりだけです。窓の外を見ていると、ボロが子どもたちにおどかされたり、先生にほうきで追い出されているのが見えました。

最近、私は『いいこってどんなこ?』（ジーン・モデシット著・富山房）という絵本を読みました。「今のあなたで良いんだよ」という絵本でした。『ボロ』の、みずほさんにも、わが子にも、「今のあなたで良いんだよ」と、しっかりいってあげたいと思ってます。（30代・会社員・主婦）

その日の夕方、わたしは体育館の裏にある、わたしの秘密の場所へボロを連れていきました。わたしとボロの気持ちの伝え合いがはじまります。その三日後に、また、机のわきにかけておいた手提げ袋がなくなりました。みんなにたずねますが、「しらないわよ」と、ヒロ子がこたえます。チューリップ模様の手提げ袋です。うさぎ小屋にあったのを、主事さんが見つけてくれました。泥のついたあとがいくつもついていました。「あだちみずほのバカ、しね」と教科書に書かれたらくがきのこともあって、「あんたたちこそバカ、バカしね」と、心の中で何度も叫んでしまいました。

ボロがついてくるのに、「もう、学校なんかいかない。ぜったいにいくもんか」と決意して、次の日から学校を休みはじめます。

いじめに負けそうになってしまったとき、夢の中でボロが呼んでいるように思え、四日めには学校に向かいました。ボロに出会えたとき、ボロはわたしの顔をなめまわし、ごろんとあお向けに寝転びました。

ボロの毛並みのやわらかさとあたたかさが伝わってきて、かさかさになっていた心の奥から、なにかがじんわりとわきあがってくるものがありました。

大事なものを見つけたとき、それを守るためには強くなれるのです。

いじめっコウタはあまえっコウタ

坂井《さかい》ひろ子 作
夏目尚吾《なつめしょうご》 絵

新日本出版社
1988年12月
1020円（税込）

コウタがいじめっ子になったのには、わけがありました

コウタはユカちゃんやマー君にいじわるをします。ユカちゃんは泣いて帰ってしまいます。そーっともどったマー君はコウタにつかまります。大きな木に登らされたマー君は、こわいのをがまんして、まわりをみました。「うわあ、いいながめ」、にもつをもって帰りをいそぐ、かあさんがみえました。いそいでおりようとすると、コウタがいいました。

「あわてんな。のぼるより、おりるほうがむずかしいんだぞ。」

そして、近道まで教えてくれました。

マー君はコウタからおそわった近道の、いけがきをくぐりぬけようと

※現在、品切れとなっております。

〈あらすじ〉

ぼくはマサキ。小学二年、ユカちゃんとなかよし。あそぶのもいつもいっしょ。

ある日、だれかが校門のそばのカシの木にのぼっていた。四年生のコウタだ。ユカちゃんがいった。

「このごろね、あの子、いじめっコウタっていわれてんのよ。うちのおにいちゃんもなかされたんだから。」

そういわれても、マー君は信じられません。

このあいだの雨ふりの日、コウタはちっちゃなすて犬を「かわいそうだ、おまえだっておかあちゃんのそばにいたいよな」ってうちに

した時、おばさんたちの声がきこえました。それはコウタのとうさんの会社がつぶれて、とうさんはよっぱらって、家であれてたみたいで、とうとうかあさんが家を出てしまった……という話でした。かあさんはおそくまでパートにいってコウタはいつもさびしくて、かあさんから、「あまえっコウタでこまります」っていわれてたなんて……。今、コウタのかあさんは九州に帰って、うちにいないのです。

　コウタはかあさんにあいたくてしかたないのです。大きな木に登ればかあさんが見えるような気がします。すてられた小犬はまるでコウタ自身のような気がします。マー君がパートのかあさんの帰りをまっているのを知ると木登りをおしえて、早くかあさんをみつける方法をおしえてくれます。ただ、そのやり方がらんぼうなだけです。

　みんなにいじわるするのも、みんながうらやましくて、さびしいだけ。ほんとは、さびしがり屋のあまえっ子。『あまえっコウタ』なのです。うちに帰ってもかあさんがいないのです。小学四年のコウタにとって、どんなにさびしいことでしょうか。『いじめっコウタ』になったのにはわけが、あったのです。

つれかえったのです。小犬に牛乳までのませてやったコウタがいじめっ子だなんて。

雨あがりの夕方、ユカちゃんと公園で遊んでいると、そこへコウタがあらわれました。

「なんだあ、おまえら。おままごとかよう」
「あっ、いじめっコウタ！」
「なんだあ、いじめっコウタだと？」

となりのせきのますだくん

武田美穂《たけだみほ》 作・絵

学校で初めて出会う男の子は怪獣みたいなものです

本を開くといきなり、「あたし　きょう　がっこうへ　いけない　きがする。」というみほちゃんのことばがあります。「だって」と次のページへつながります。「あたまが　いたい　きがする。おなかが　いたい　きがする。ねつが　あるような　きがする。」そう思いながらみほちゃんはしかたなくランドセルをしょって、あちこち寄り道をしながら学校へ行きます。「となりのせきの　ますだくんは　つくえにせんをひいて　ここからでたら　ぶつぞ　ってにらむの。けしごむのかすが　はみだしたら　いすをけるの。」（こんな子いましたよね）

ポプラ社
1991年11月
1200円＋税

一九九二年度 講談社出版文化賞 絵本賞
一九九三年度 絵本にっぽん賞

〈あらすじ〉

となりの席のますだくんは乱暴者で、みほちゃんには最初怪獣のように思えました。でも、少しずつわかるようになっていきます。

小学校でとなりの席になる男の子は、まったく理解できない怪獣のようなものではないでしょうか。


友だち関係がこじれるかこじれないかは、ちょっとした行動からなのでしょうね。（30代・主婦）

ここで初めて登場するますだくんは、しっぽの生えた牙《きば》のある緑色をした怪獣《かいじゅう》のようです。みほちゃんにはそう見えたのでしょうね。

みほちゃんは算数が嫌《きら》い。手を使ってたし算をすると、ますだくんが先生にいいつけます。給食の人参《にんじん》や鶏肉《とりにく》をこっそり残すと、ますだくんが大きな声で「いけないんだー」っていいます。

昨日の帰り、誕生日《たんじょうび》にもらったいい匂《にお》いのするピンクの鉛筆《えんぴつ》をますだくんが折っちゃった。消しゴムを投げたらびっくりしてにらんでた。

「きょう　がっこうへ　いったら　あたし　ぶたれるんだ。やだな」

「やだな、やだな」といいながらみほちゃんは校門まで来ました。案の定ますだくんが校門の陰にいます。

「ごめんよ」といいながらますだくんがぶちました。

でも最後のページでは折れた鉛筆に包帯《ほうたい》を巻《ま》いたのを持って、ますだくんとみほちゃんが教室へ向かっています。「かえりにたしざんおしえてやろうかー」「いい。いじめるから」といいながら。

二人の後ろ姿でこの本は終わります。ここでのますだくんはふつうの男の子の姿《すがた》で描《えが》かれています。みほちゃんには最初ますだくんは怪獣のように見えたのですね。みほちゃんの表情がかわいらしくて見ていて飽《あ》きない絵本です。

はせがわくんきらいや

長谷川集平《はせがわしゅうへい》

復刊ドットコム
2003年7月
1600円＋税

人を思いやる心を育てる一冊

タイトルの「長谷川くん」は、長谷川くんのお母さんが文中で語るように、「赤ちゃんのとき、ヒ素という毒のはいったミルクを飲んで、それから体、こわして」しまった男の子です。だから長谷川くんは、ふつうの同じ年頃の男の子よりからだも小さく、弱くて、走ったり遊んだりすることはできません。

「ぼく」は、いつもみんなのお荷物になる長谷川くんがきらいです。長谷川くんと山に登れば、みんなで交替でおんぶをしなければならないし、野球のときも、ゆるい球を投げてもらってもちっとも打てません。長谷川くんと遊んでも、ちっとも楽しくありません。でも、ぼくは長

※本書の初版は一九七六年すばる書房刊

〈あらすじ〉
赤ちゃんのときに、ヒ素という毒の入ったミルクを飲んだ長谷川くん。ぼくたちの町に長谷川くんがやってきたとき、長谷川くんは乳母車に乗っていました。そんな長谷川くんと仲良くしてあげてね、ぼくは長谷川くんのお母さんにいわれます。ぼくは、しんどくてかないません。

谷川くんのお母さんに「仲良くしてあげて」といわれます。

そういわれて、一緒に遊んでも、ぼくはしんどくてかないません。長谷川くん抜きで遊んだほうが、きっと楽に違いないのです。

だけど、ぼくは「きらいや　大きらいや」といいながら長谷川くんを見捨てないのです。それどころか長谷川くんに、自分たちと同じくらい走ったり、何でもできるようになってほしいとすら思っているのです。

長谷川くんのような子が身近にいたらどうでしょうか。

長谷川くんは、あきらかにみんなと違います。普通に一緒には遊べないのです。そんな子に出会ってしまったとき、いじめてしまうことも多いのではないでしょうか。

でも、ぼくは長谷川くんをいじめません。長谷川くんとふれ合ううちに、ぼくの心には、人を思いやる気持ちが生まれていたのです。

泣いている長谷川くんをおんぶしているぼくは、それまでのぼくよりひと回り、大きくたくましくなっているのです。単純な同情などではない、人を、誰かを思う心を、知らないうちに、ぼくだけでなく私たちも、長谷川くんからもらっているのです。

長谷川くん　もっと早うに　走ってみいな。
長谷川くん　泣かんときいな。
長谷川くん　わろうてみいな。

おこだでませんように

くすのき しげのり 作
石井聖岳《いしいきよたか》 絵

小学館
2008年6月
1500円＋税

〈あらすじ〉
友だちには仲間はずれにされ、お母さんや先生には、いつも誤解され怒られている「ぼく」が七夕様に書いた願いとは。

いつのまにかおとなの都合で子どもを叱っていませんか

主人公のぼくは、家でも学校でも怒《おこ》られてしまいます。家では、お母さんの代わりに妹の面倒《めんどう》をみようとしますが、お母さんのようにはうまくいかず、妹に泣かれ、後でお母さんに怒られます。学校では、サッカーの仲間に入れてくれないのでくやしくてキックやパンチをしてしまい、先生に怒られます。

入学式では「声が大きくて元気がええね」とほめられたのに、休み時間に歌を歌ったら「静かにしなさい」と怒られてしまいました。

この部分だけでもきっとお分かりだと思います。

子どもを見る目が狂っているのは、どちらかというと、おとなの都合などを優先させてしまう場合のほうが多いような気がします。一日にひとつぐらいはほめてあげたい。（20代・主婦）

「ぼく」は、決して怒られたいわけではないのです。お母さんや先生にほめてもらいたいし、自分も仲間に入れてもらいたい。みんなの笑顔《えがお》を見たいし、自分も笑顔になりたいのです。自分が怒られなければ、その願いが叶《かな》うと信じているのです。おとなは、子どもの純粋《じゅんすい》な気持ちを無視して、おとなの都合《つごう》に子どもを合わせてしまっていることはないでしょうか。この絵本は、おとなのわれわれこそが読むべき絵本の一冊だと思います。

ぼくは　いつも　おこられる。
いえでも　がっこうでも　おこられる。
——きのうも　おこられたし……、
きょうも　おこられてる……。
きっと　あしたも　おこられるやろ……。

とべないホタル

小沢昭巳《おざわあきみ》 作
森寛子《もりひろこ》 絵

あなたの近くにとべないホタルはいませんか？

この童話は、長く教職につかれていた著者、小沢昭巳さんがご自身のクラスのいじめに頭を悩ませていた頃、クラスで出かけたホタル狩りの体験を、子どもたちの姿と重ね合わせてつくった物語です。

この物語では、「勇気の連鎖《れんさ》」を感じることができます。

一匹の、羽がみにくくちぢみ、飛ぶことができないホタル。そのホタルを、「羽をもっとピンとはってごらん」「うん、おなかにぐっと力を入れて」「ほら、そこで足をひっこめて」と励ます他のホタルたち。

「ぼくも一度高いところへあがってみんなみたいに光ってみたい」と

ハート出版
1988年12月
880円＋税

〈あらすじ〉
羽がみにくくちぢみとべないせいで、他のホタルにとけ込めないでいる一匹のホタル。落ち込んでいるひとりぼっちのホタルは、人間の男の子につかまりそうになってしまいます。そこへ他のホタルが自ら身代わりとなり、男の子につかまってしまいました。

そのことで、とべないホタルは、自分はひとりじゃない、みんながとべないホタルのことを思っていてくれたことに気づきます。そうして、互いが互いのことを考え、行動していくうちに、とべないホタルは羽のことも気にならなくなり、みんなの輪にもとけ込んでいくことができました。

勇気を出してネコヤナギに登るとべないホタル。とべないホタルの身代わりになり、男の子に自分からつかまる勇気あるホタル。足が悪くて外へ出られない友だちのために、ホタルをつかまえてきた男の子。身代わりとなったホタルの帰りを迎えるためにかけまわるとべないホタル。

一つの勇気が、次の勇気を呼び、また次の勇気へとつながります。私は、電車の中でご年配の方に席をゆずる人を見ると心が温かくなります。「よし、自分も」という思いになります。これも身近な「勇気の連鎖」であり、きっと私も勇気を出せばそれが次の勇気へとつながるのだと、改めてそう思えました。

今日においては、さまざまないじめ問題が取り上げられています。原因も、状況もそれぞれ違うと思います。勇気を持って行動しても、それが自分にとって、周りにとって、良くない方向へ向かってしまうこともあるかもしれません。しかし、誰かの勇気は必ず誰かの勇気になっています。その一つひとつが、大きな勇気の塊《かたまり》となり、問題を良い方向へ向かわせることもあります。そのことを、これからをになう子どもたちに伝えることができる、そんな力を持った童話です。

本文の後に富山県高岡市の男の子が書いた感想文が掲載されています。その感想文は、この本を読んで何を思い、何を考えて欲しいか、著者が伝えたいことが伝わった証だと思います。

とらえられたガラスのびんの中のホタルが、「いいんだよ、きみたち、ぼくはすぐ帰ってくるよ。」と答えるように、パァッ、パァッと光りました。とべないホタルは、涙でいっぱいになった目で、みんなをいつまでも見送っていました。

さかなのなみだ

さかなクン

リヨン社
2007年5月
952円＋税

さかなクンから温かいパワーがもらえる本

私は、お魚好きなさかなクンの書いた本なので、てっきり魚の生態《せいたい》について書かれた本だと思っていました。涙《なみだ》を流す珍《めずら》しい魚の紹介かと。「さかなの世界にもいじめがある。」この書き出しには驚きました。まさか魚の世界にもいじめがあるなんて思いもしなかったからです。

この本に登場するメジナは、広い海の中では群れて仲良く泳ぎます。しかし、小さな水槽《すいそう》に入れると、一匹を攻撃《こうげき》し始めます。かわいそうに思ってその魚を別の水槽に移すと、残った魚たちは別の一匹をいじめだします。今度は、いじめっ子の魚を別の水槽に入れてみますが、残った魚の中から新たにいじめっ子が現《あらわ》れ、水槽の中のいじめは一向になくな

〈あらすじ〉

さかなの世界にもいじめがある。さかなクンが紹介したメジナという魚のいじめは、人間の世界のいじめと驚くほどよく似ている。

お魚好きの変わり者の少年から、さかな博士の「さかなクン」になっていくようすやいじめに悩む人へのメッセージ。

そしてお魚から広がっていく人の輪とさかなクンの将来の夢。テレビで身近に感じ、親しまれているさかなクンだからこそ心に届くメッセージがこの本にはあります。

りません。「同じ場所に住み、同じエサを食べる同じ種類同士なのに」狭《せま》い水槽の中で繰《く》り返されるいじめは、私たちの世界のいじめと驚《おどろ》くほどよく似ていませんか。小学生の頃《ころ》、友だちから声の高さや話し方を真似されてきたさかなクン。でも、大好きなお魚のことを夢中《むちゅう》になって調べたり、絵に描いたりすることでいつの間にか気にならなくなったそうです。中学生の頃、仲間はずれにされた子とよく釣りに行って、話を聞いたり励《はげ》ましたりはできなかったけれども、その子のホッとした表情は印象《いんしょう》に残っているそうです。

さかなクンはメジナを例に挙《あ》げながら、いじめに悩んでいる人へメッセージを送っています。「狭い場所にみんなが一緒だからいじめが起こるんだ。だから狭い場所から飛び出してみようよ。そして大好きなものを見つけてとことん夢中になってみようよ。」と。優しいけれどもさかなクンの強さを私は感じます。

お魚のことを一生懸命《いっしょうけんめい》夢中になって話すさかなクン。真っ直ぐでひたむきな生き方だからこそ、さかなクンからのメッセージは心に響《ひび》きます。この本を手にとってみてください。ホッとします。

> 今いる世界は小さくても、もっと大きな別の世界がある。ぼくは落ちこむことがあると、海に行ったり、お魚に会って、波の音や海や空の大きさ、そして一生懸命に生きているお魚の姿にパワーをいただきます。

わたしのせいじゃない
——せきにんについて——

レイフ・クリスチャンソン 文
にもんじ まさあき 訳
ディック・ステンベリ 絵

岩崎書店
1996年1月
900円＋税

わたしのせいじゃない——といっているうちに

印象的《いんしょうてき》な場面構成《ばめんこうせい》です。奥《おく》に十四人の子どもたちがいます。真ん中にひとりだけいじめられて泣いている子がいます。手前にそれを見ている子がいます。だまって見ているのは、十四人の子のひとりです。この場面構成は最後まで変わりません。手前に登場する子が毎ページ変わるだけです。

「みていなかった」「おおぜいでやってたのよひとりではとめられなかった」「ぼくもたたいた　でもほんのすこしだけだよ」「その子が変わってるんだ」「先生にいいつければいいのに　よわむしなんだ」手前

「あなたへ」シリーズ15

1 ともだち
2 ひとりぼっち
3 うれしい
4 あなたがすき
5 しあわせ
6 わたしのせいじゃない
7 たんじょうび
8 たいせつなあなた
9 じぶん
10 ゆうき
11 てがみをください
12 あこがれ

で見ている子は、自分は関係ないとばかり、言い訳をしているだけで、ずっと動きません。

「たたいても　わたしは　へいきだった　みんな　たたいたんだもの　わたしのせいじゃないわ」と終わる最後のページには、泣いている子はいません。最初の十四人の子どもたちだけがいます。泣いていた子はどうしたのでしょう。

本の最後には六枚の写真が何の説明もなく掲載されています。ベトナム戦争《せんそう》で捕虜《ほりょ》になった少年が、目隠《めかく》しをされています。板にはりつけられたまま銃殺《じゅうさつ》された死体が転がっています。飢餓《きが》で死んだと思われる子ども、重油《じゅうゆ》にまみれた鳥、原爆《げんばく》のあの雲が上空で爆発《ばくはつ》しています（この写真は刷《す》りを重ねるごとに変わっています）。

私には関係ないと見て見ぬふりをしているうちに、いじめと同じように、戦争は足元で始まり、手が付けられないほど広がっているのです。それでも「わたしのせいじゃない」と言い続けることのおろかさを作者は訴《うった》えているのだと思います。

細い線描《せんびょう》で、一色で描かれている、たった十六頁の小型絵本です。著者はスウェーデンの社会科教師だった人で、十五冊のシリーズのうちの一冊です。スウェーデンではベストセラーになっているそうです。

13 たいせつなとき
14 おんなのこだから
15 だいすきなあなたへ

ともだち

谷川俊太郎《たにかわしゅんたろう》 文
和田誠《わだまこと》 絵

玉川大学出版部
2002年11月
1200円＋税

〈あらすじ〉
友だちってかぜがうつってもへいきだっていってくれるひと。だれだってひとりぼっちではいきてゆけない。友だちってすばらしい。

一度読んだあと、今度はゆっくり文章だけを読んでみると、また、ちがったことを感じました。何度も読んでみると、そのたびに、またちがったことを感じるように思いました。
（小学生・女子）

友だちってどんなひと？

友だちとはどんな人でしょう。

友だちの存在《そんざい》は自分の人生にとってかけがえのない存在です。幼稚園《ようちえん》や学校で一緒に過ごす友だちもいれば、学校で一度も会ったことがなくても、同じ地球《ちきゅう》のなかに暮らしている友だちもいます。

そして、友だちとは、きっと、自分のことのように思い考えられる人をいうのでしょう。だから、自分だったら、どう思うだろう、うれしいかな、悲しいかな、と考え行動することが大切なんだと気づきます。

人間は、自分中心に考えてしまいがちです。それは都合よくスマートに生きているようですが、結局、友だちはいつの間にかいなくなり、孤《こ》独《どく》になっている自分に気づくことになるでしょう。

　友だちがいればどんなに人生を豊かにしてくれるか、そして自分もそんな存在になりたいと思う絵本です。

ひとりでは　できないことも
ともだちと　ちからをあわせれば
できる。

いじめられたらどうしよう

ジェン・グリーン 文
マイク・ゴードン 絵
たなか まや 訳

評論社
2001年4月
1200円＋税

おとうさんが「いやな気持ちになったら、それはいじめだよ」といっていたけど、「いやな気持ちにならない日をつくれば」と、おかあさんは、なんでもないような顔で、私にいいます。（小学生・女子）

子どもと一緒に考えるために

低学年の子どもたちがいじめについて考えるための入門書です。

【いじめられたときこどもたちはどのように感じるか】

「おなかがきりきり痛くなる。夜もなかなか眠れない。ごはんものどを通らない」そんな子どもの心のふるえを描いた絵から、最初のページが始まります。

【もし誰かにいじめられたら】

「なにかいいことかんがえる」「しらんかおしてあいてにしない」「やめろよってひとことといって、かっこよくたちさる」「やられてやり返したら、よけいまずいことになったりする」「自分たちの力で無理だったら、近くにいる大人を呼んで助けてもらう」

というようなことが、具体的にわかりやすく絵で描かれています。

【いじめられている子を見かけたら、どうしたらよいのか】

いじめっ子に対して「やめろよ」という場面を劇《げき》にして、演技《えんぎ》がリアルかどうか、見る側《がわ》の子どもたちと考え、ほかにどんな解決策《かいけつさく》があるか話し合ってみようと呼びかけています。

【なぜ人はいじめをするのか】

「不幸だから、さびしいから、嫉妬《しっと》をおぼえて、強くみられたいから、仲間になりたいから、自分がいじめられたから」

など、いじめる子の立場になって考えてみます。

「さまざまないじめについて子どもたちと一緒に考え、ケースに応じた対処《たいしょ》の仕方を話し合って、けっしていじめを許さないクラス、いじめられている子を見たら、助けられるクラスをつくっていきましょう」

と本書は終わります。お話も絵もわかりやすいのですが、アメリカの本なので、登場する子どもたちや、街《まち》の風景などに見慣れないものがあり、低学年の子どもたちにわかりにくいところがあるかもしれません。日本の子どもたちのために、日本の風景や事情の下《もと》にこのような本が書かれたらもっといいのにと思います。

よか、よか、プーすけ

丘修三《おかしゅうぞう》 作
宮崎耕平《みやざきこうへい》 絵

※扉より

汐文社
1995年2月
2000円（定価）

※現在、品切れとなっております。

〈あらすじ〉
転校生の山田君、自己紹介でおならをしてしまい、ジュン君たちにプーすけとあだ名をつけられていじめられ始めます。マリ子ちゃんとよし子ちゃんはやめさせたいのですが、山田君はいつもにこにこということをきくのであきれてしまいます。でも、あんまりひどいので学級会で発言することに……。

なにもしないのは、ずるいことなの？

正義感あふれるよし子ちゃんはいじめられている山田君を心配して、学級会で発言しようとマリ子ちゃんにいいますが、ジュン君のしかえしがこわいマリ子ちゃんは「やんないほうがいいと思うよ」といってしまいます。よし子ちゃんに「ずるいよ！」といわれたマリ子ちゃんは、勇気をふりしぼって学級会で発言するのです。女の子たちのこころの葛藤と成長が見事に描かれています。

このお話を読むと、いじめっ子のジュン君たちにはもちろんですが、子どもたちの行動や態度に対して鈍感な大友先生に、腹がたってしまうかもしれません。

少し時代を感じる場面が登場しますが、お母さんの時代はこんなこともあったよ、と教えてあげてください。

ジェンダー・フリーってなあに？ 3

ぼくはよわむし？

草谷桂子《くさがやけいこ》 文
鈴木《すずき》まもる 絵

よわむしなんてむしはいない！

タケはいつも、力の強いケンちゃんにいじわるされて、「よわむし」といわれて、自信をなくしていました。

家族に「ぼくってよわむし？」と聞くタケに、みんなはそれぞれ〝タケにはこんないいところがある〟と答えてくれます。「そんな子に負けてていいのか？」や「やり返せ」なんて〝男らしさ〟を押しつけることはしません。

タケは一生懸命考えて、そして行動を起こします。

こんな風に、まわりの人間がしっかりとその子の良さをみとめてあげることができれば、きっとどんな子もいきいきと輝くことができるはずです。

大月書店
2003年5月
1600円＋税

〈あらすじ〉
タケはむしが大好きな男の子。ケンちゃんにだいじなむしの本をとられて泣かされたタケは、おじいちゃんやおばあちゃん、おかあさんやおとうさんに「ぼくってよわむし？」と聞いてまわります。そして勇気を出してケンちゃんのうちへ……。

トレボー・ロメイン　こころの救急箱⑥

仲間はずれなんて気にしない

トレボー・ロメイン 文・絵
上田勢子《うえだせいこ》・藤本惣平《ふじもとそうへい》 訳

大月書店
2002年11月
1300円＋税

見せかけの自分はやめよう

なかよしグループに入れないってつらいことですね。ひとりでいるなんてさみしいし、いつもの仲間と楽しいことをしていっしょに笑いころげたい。

でも、ちょっと待って。いつもいっしょのなかよしグループでいるために、うそをついて見せかけの自分をつくったり、ほかの子を仲間はずれにしたりしていませんか？　グループのみんなはほんとうの友だちかな。みんなといて、へんなことしているなとか、自分をつくっているなと感じたら、この本を読んでちょっと考えてみるといいですよ。なかよしグループとほんとうの友だちのちがいってなんでしょうか。同じようでぜんぜんちがうことなんじゃないかな？

その答えは、とってもゆかいにわかりやすく書いてあります。

元気のでる本！　全六冊のシリーズです。
『トレボー・ロメイン　こころの救急箱①
いじめなんてへっちゃらさ』

小学校中学年

友だちといっしょに考える

からすたろう

やしま たろう 文・絵

偕成社
1979年5月
1800円＋税

〈あらすじ〉
村の学校にはじめて上がった日に、小さな男の子がひとりいなくなりました。誰もこの子を知らず、小さかったので、みんなから「ちび」と呼ばれました。この子は先生を怖がり、何も覚えようとしないので、「うすのろ」「とんま」と呼ばれ、ひとりのけものにされクラスのしっぽにぽつんとついていました。毎日学校で何時間も過ごすうちに、自分だけの楽しみを見つけました。目をつぶると聞こえる音、まわりに見える景色、虫や花などです。六年生になりいそべ先生が担任になりました。

いそべ先生は、「ちび」に寄り添い、心を通

子どもの心を揺り動かす

子どもは、認められほめられて魂《たましい》が揺り動かされ、どの子も輝いていくのだと思います。その反対が、集団の中で誰にも相手にされず気にもとめてもらえない孤独《こどく》です。集団の中で意識的にあるいは無意識におこなわれる「無視《むし》」という行為こそ、もっとも重たい「いじめ」だと思います。

人には誰でも多様な能力や特技があります。未来に向かって育っていく子どもは、日々の生活の中で特技や能力を磨《みが》いていきます。輝く力をためているのだと思います。

子どもの持てる力を育て伸ばすのも身近にいるおとな、つぶすのもお

となです。一人ひとりが持っている力は、外見では見えないし測《はか》れません。

今子どもたちは、身近な場で仲間と思いっきり遊んだり、笑ったりできずに孤独の中に心を閉じているのではないでしょうか。いそべ先生と出会うのを待っている「からすたろう」がそこここにいるのではないでしょうか。

いそべ先生は、孤独に追いやられていた、小さな男の子「からすたろう」の心と向き合い寄り添って、彼の中にある特異《とくい》な力に気づき、さらに大きく花開かせてくれました。

「からすたろう」はもう孤独ではありません。「ちび」から「からすたろうってすごいな」に変わったのです。

子どもにとって身近な環境《かんきょう》の中にいるおとなは、大きな影響力《えいきょうりょく》を持つ存在であり、子どもを開花させるのか、「いじめ」という環境をつくってしまうのか、その肩にかかっているといっても過言《かごん》ではないような気がします。

わせ「ちび」の特異な才能に気づきます。

©1955 by Taro Yashima

オレンジソース

魚住直子《うおずみなおこ》 作
西田多希《にしだたき》 絵

みんなのいってること、ホントなのかな

みさきには「オレンジソース」といわれている松本さんが、みんなのいうようにえらぶっている人のようにはどうしても思えません。でもみんなに合わせないとみんなから何かされるかも知れない、だから松本さんを助けられなかったのです。

クラスのみんなに合わせて「そう、そう」と心にもないことをいう、そうしないと「空気がよめない奴《やつ》」と決めつけられてしまうかも知れない。仲間はずれにされるかも知れない。そんなふうに思ったことはありませんか。でも、本当にそれが正しいことでしょうか。もしも「クラスのうわさ」がまちがっていると思ったら……。

佼成出版社
2003年11月
1400円＋税

〈あらすじ〉

「オレンジソースだって……」

「リレーの女子のアンカー、あの子だって」

松本リエは、みんなから、かげで「オレンジソース」と呼ばれている。みさきは彼女がなぜそう呼ばれているか知らなかった。クラス替えで初めて一緒になったから。リエは去年転校してきた。そのときの自己紹介がえらそうに聞こえたらしい。それかららしい。でもみさきにはそうは思えなかった。

学校帰りに松本さんに呼び止められて彼女の家にあがって遊んだ。みさきはそこでリエから本当のことをきいた。クラスでは嫌がらせが続く。運動会当日、リエは走った。男子が

みさきは重い気持ちをふり切って、勇気を出しました。このままじゃいけない。ホントの勇気を伝えるのって勇気のいること。でも、やっぱり、それは一番大切なことかも知れないと。

声をはりあげた。同じ声援が広がる。「オーレンジ・オーレンジ」。みさきは息をのんだ……。

——学校ではわたしのこと、きにしなくていいからって、ずっといいたかったの。ほんとにきにしないでね。どうせ、わたし、学校では石にしかなれないから。——

けんかに　かんぱい！

宮川《みやかわ》ひろ 作
小泉《こいずみ》るみ子《こ》 絵

童心社
2012年4月
1100円＋税

けんかして、わかりあって、仲良くなる

いいたいことをいえずに我慢《がまん》したり、うまく伝えられなかったりすることは、よくあることだと思います。それは、おとなの世界も子どもの世界も一緒です。ですから、たくさんけんかをして、仲良くなればいいのだと、この本は教えてくれます。けんかをすることを、良くないことと考えるのは、当然だと思います。ですが、けんかすることは悪いことばかりではないのです。この本の中で、止めなければならないけんかとそうでないけんかがあるという表現が何回か出てきます。いつも好き放題にやられっぱなしの子が、ついにいい返す場面があります。

また、さまざまな事情から、うそつき呼ばわりされてしまう子が出て

〈あらすじ〉

三年生になった和人は、クラスがえで、一組になりました。新しいクラスでは、担任の真先生が、「けんかもいっぱいして、なかよしの三年一組にしような」といいました。

そこで、和人は係活動を決める学級会のとき、『けんかとめ係』を思いつきます。ですが、「けんかはとめるものではないぞ」という、真先生のことばで、『けんか係』になります。

初めは理解できなかった和人も、真先生やおじいちゃんのことばで少しずつ「けんかはとめるものではない」という意味を理解していきます。そして、クラスで起こるさまざまなけんかを仲直りするまで見守っていきます。

くるのですが、その子は、確かに自分が嘘《うそ》をつくつもりではなかったのに、結果的に嘘になってしまったことを自覚していました。和人は、事情を知り、その子をかばい、そっと見守ります。説明すればわかることですが、じっと我慢しているその子に、先生も気づき話しかけます。それでも、その子は我慢することを選び、先生も応援します。

けんかの種類は、さまざまありますが、嫌なことをさせたり、仲間外れにしたりするのは、いじめにつながる良くないことです。ですが、きちんとけんかをすれば、きっとわかりあえるのだと思います。そして、一番、感心したことは、けんかに無関心ではなかったということです。いじめは、周囲の人たちが見て見ぬふりをすることが多いと思います。よくいわれているることですが、見て見ぬふりをするのは、いじめをしていることと何ら変わりません。「けんか係」という役目を担い、仲直りするまで見守ることで、いじめを未然に防いでいるのです。子ども同士で解決できる力を養うこと、そして、それが難しい時におとながそっと手を差し伸べてあげられるようにすることが大事なのだと思います。

「けんかっていうのは、くやしいとか、わかってほしいとか、いいたいことがあるから、けんかになるんだろう。ちゃんとけんかして、いいたいことをしっかりといって、わかりあって、それでなかよしになるんだろうが。」

もうすぐ飛べる！

越水利江子《こしみずりえこ》 作
津田真帆《つだまほ》 絵

大日本図書
2000年7月
1238円＋税

〈あらすじ〉

主人公の春海さんはクラスメイトの小川さんのカンニングを見てしまいます。プール開き前の髪の毛のシラミ調査のあと、かぜでプールに入らなかったことで、シラミ持ちだと、いじめはクラス中に広がっていきました。いじめの現場には、いつも小川さんたちがいました。

春海さんはどうやって生きるための力を育てていくことができたのでしょうか。

いじめは最初小さな事件から

春海《はるみ》さんがいじめられるようになったのは、小川さんのカンニングをたまたま見てしまったことから始まります。春海さんのほうがドキドキしてしまう心臓《しんぞう》をむりやりなだめて、おどおど目をそらしてしまっていました。いけないことはいけない。カンニングすることは悪いこと。しかし、誰かがしたカンニングを先生にいいつけることは正しいことなんて、春海さんには思えなかったのです。この事件がいじめられる最初のきっかけになりました。

もう一つのいじめられるきっかけになったのは、六月になって、プール開きの前に配られたプリントで、これが結果的にいじめを広めてしまいました。髪の毛にシラミがついていないかどうか、家で調べてくださいというお知らせでした。春海さんはプール開きの日、かぜをひいてプールをたまたま休みました。いつのまにか春海さんはシラミ持ちのように思われて、クラス中から、「やっべー、シラミから頭を守れ!」のように敬遠《けいえん》されてしまっていました。その中心に小川さん、そのまわりの女の子たちがいつもからんでいました。

いじめで遊ぶ子どもたちが増えているという指摘《してき》もありますが、一人ひとりの強い個、クラスの中の集団というような基本的いとなみのぜい弱さが、今日のいじめを拡大してしまっているように思えます。

春海さんはその意味で、一見、か弱く負けそうになりながらも、保育園でいっしょだった青木くんのやさしさや、ゴイサギのヒナの生きるためにがんばっているのを見守りながら、「だいじょうぶ。もう、だいじょうぶよ。お母さん」と、自分で生きる力と勇気をさがしあてることができたのでした。

春海《はるみ》は、たまごをそうっと手の中につつんだ。

「だいじょうぶ。もう、だいじょうぶよ。お母さん」

さくら色のたまごは、まだほんのりとあたたかかった。

わたしのいもうと

松谷《まつたに》みよ子《こ》 文
味戸《あじと》ケイコ 絵

もし家族の誰かがいじめにあっていたら

本を手に取ったらまずこの表紙の絵を見てください。ひとりの少女が後ろを向いています。その後ろ姿は暗く淋しく……まるで少女の孤独感や絶望感といったものを象徴しているかのようです。でもおはなしはもっと残酷《ざんこく》で心が痛むものでした。そして最後まで少女がこちらを向いてくれることはなかったのです。

おはなしは「わたし」が「いもうと」について語られ、すすんでいきます。七年前、当時小学四年生だったいもうとは引っ越しをきっかけにいじめられるようになります。ことばがおかしいと笑われ、くさいぶたといわれ、誰も口をきいてくれません。いもうとはひとりぼっち、とう

偕成社
1987年12月
1200円＋税

〈あらすじ〉
当時小学四年生だった「いもうと」は引っ越しをきっかけに、学校でいじめにあうようになります。いじめはエスカレートしていき、「いもうと」はとうとう学校へ行くことができなくなるのでした。年月が過ぎ、いじめた子たちは中学生、高校生に。でも「いもうと」は……。

私が幼い頃、母がよく読んでいた。母はなぜこの本を読んでいたのか知りたくて、今、何度も読んでしまう。（30代・主婦）

とう学校にも行けなくなり、ごはんも食べられなくなってしまいました。かあさんはひっしでかたくむすんだくちびるにスープを流し込み、こもりうたをうたいながらだきしめて、だきしめて一緒にねむります。

おはなしをよみながら自分の気持ちが「わたし」から離れて「いもうと」のいじめられる立場になったり、時には「かあさん」に移ったりして揺れ動きました。でも、どの立場にたっても「家族の誰かがいじめにあっている」ことにかわりはないのですから、つらい気持は一緒です。

なんとかしてこの状態から抜け出したい、家族であれば当然の気持ちでしょう。

いじめを受けた人は一生その傷を忘れることはありません。たとえその傷が癒《い》えたとしても記憶から消し去ることはないでしょう。でも反対にいじめる側の人はその行為自体忘れて生きています。まるで「いじめ」など存在しなかったかのように。「いじめ」ている自覚さえないのかもしれません。

この本に出会った読者のみなさんが、いじめについて家族について考える、そして考えるだけでなく何らかの一歩を踏み出せるきっかけになってくれればと思います。

きみの行く道

ドクター・スース 作・絵
いとう ひろみ 訳

現在が永遠に続くわけじゃない

この本を紹介すると、「いじめ」とどう関係あるんだろうと首をひねる人もいるかもしれません。

希望に満ちて入った学校、友だちとの楽しい時間、勉強も部活もせいいっぱいがんばって……そんなふうに思い描いていたのに、友だちとなにか歯車がかみ合わなくなってきて、気がついたらいじめの対象になっている。そんな苦しい思いをしている子どもたちへ、この絵本をぜひ届けたいと思うのです。

もしあなたが、いじめられていて、いじめている子と対話することに

河出書房新社
2008年3月
1600円＋税

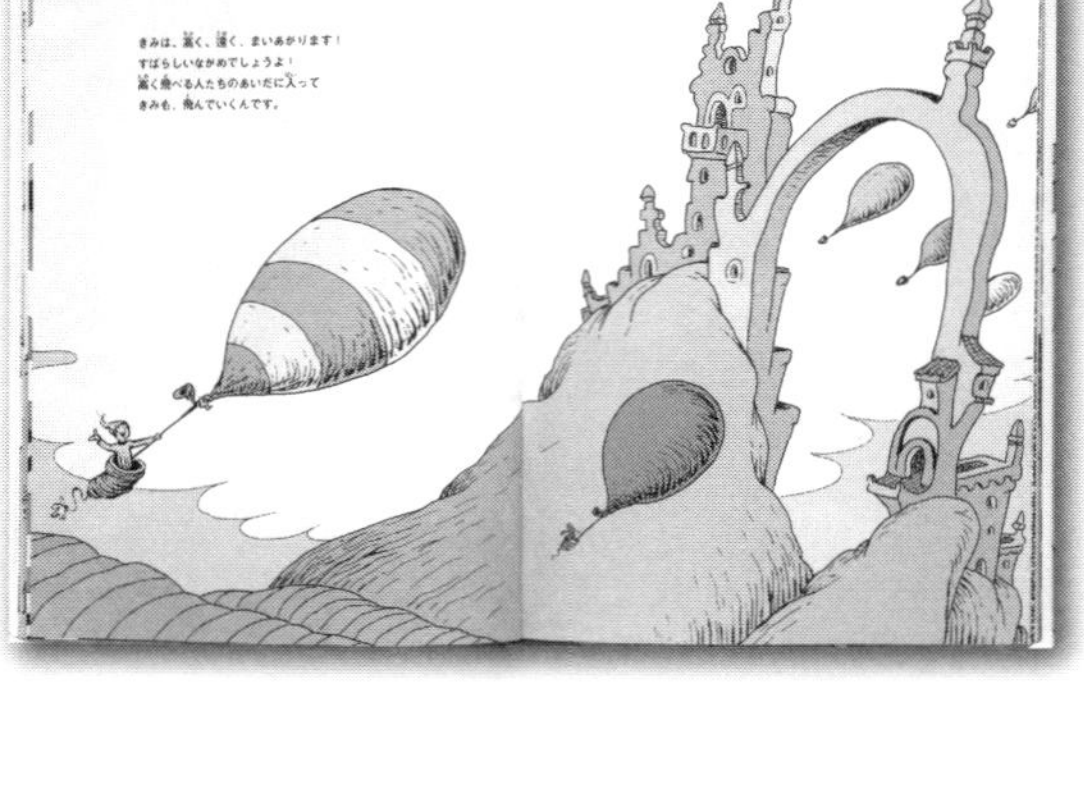

よって状況を変えようとがんばるときも、誰かに相談して助けを求めるときも、学校を休むことで一時避難《ひなん》するときも、そのつらい時間は永遠に続くわけじゃない。

あなた自身の足で人生の道を踏みしめて、いろんな場面を歩いて行く。がたがたのでこぼこ道がある、そうかと思えば高い空の上がある、すききらい関係なくひとりぼっち、ということだって、よくあることなのです。

なかなか動くことができなくて、でも、一歩、一歩、進むうちに、いつかは次のページにたどりついて、人生は驚くほど場面が変わります。決して、これからもずっと同じ苦しみが続くとは考えないでほしいのです。

子どもでも、おとなであっても、気持ちが立ち止まってしまった人に、ドクター・スースならではの不思議な絵とユーモアたっぷりのことばが詰まったこの本は、そのことを教えてくれます。大丈夫だよ、と背中を押してくれる気がするのです。

何が起こっても
だいじょうぶ。なやむことはない。
どんどん行きなさい、そのままどんどん。
きみじしんも変わっていくんですから。

みんなで生きる・21世紀　2

いじめ

アンジェラ・グランゼル 文
山本直英《やまもとなおひで》 訳

ポプラ社
1997年4月
1500円＋税

〈内容〉
この本の主なテーマ
どうして、いじめについて考えるの？
いじめって、どんなこと？
いじめは、どのようにしておこるの？
いじめをする人たちは、どう思っているの？
いじめる子と、いじめられる子がいるのは、どうしてなの？
ときどきいじめられるけど、わたしが悪いの？
グループの悪い点って、どんなこと？
どうして、男の子どうしは、いじめあうの？
女の子も、いじめをするの？
学校でのいじめにたいして、どうしたらいい

主体的な解決法

イギリスの「いじめ」問題解決の方法がよくわかる本です。ヨーロッパを中心とする市民社会が円熟している国の合理的な考え方は、日本では大いに学ばなければならないでしょう。日本も、民主主義や人権を大切にしている国なのですから。

イギリスの子どもたちを中心とした写真も、それぞれのテーマを考えるうえで、思いを豊かにしてくれます。ひとりぼっち、遊び、家族、考えごと、話し合い、討論などを連想できるものばかりです。「日本の熊《くま》本県《もとけん》の水俣《みなまた》では、小さな漁村《ぎょそん》の人たちが力をあわせて、大企業《だいきぎょう》が、水銀《すいぎん》で彼《かれ》らの海をよごすのを、やめさせました。」という説明をして、水俣

の抗議行動の写真を一枚のせています。これは次のようなことを理解してほしいという願いからでしょう。

「いじめは、おとなの世界でもつづいています。ある人たちの、権利《けんり》・安全・仕事・家庭《かてい》・土地などが、強大な権力《けんりょく》をもつ集団《しゅうだん》や大企業《だいきぎょう》、あるいは政府《せいふ》によって、たいせつにされないことがあります。そんなとき、人びとがいっしょになって、はなしあうことからはじめて、不公平《ふこうへい》なあつかいにたいする抗議《こうぎ》行動をおこせば、ものごとはかわるのです。実際《じっさい》、自分たちをまもるために、協力して活動している人びとのグループは、たくさんあります。彼《かれ》らが個人《こじん》で行動しても、解決《かいけつ》できなかったと思います。」

このような指摘は、日本の「いじめ」問題を扱った子どもの本にはあまり見当たらず、視野を広げて考えていくうえで、非常に大事なことのようです。

もうひとつ、この本は、「どうして、いじめについて考えるの？」からはじめられていることです。これも、日本の子どもの本にはあまり見られないテーマ設定になっています。「この本を読むと、いじめとはどんなものなのか、どうしておこるのかがわかります。そして、きみ自身をまもる方法も、わかってくるはずです。」と記しています。

の？

いじめについて、だれかにはなしたほうがいいの？

わたしにできることは、どんなこと？

このイギリスの子どもたちの表情を見ていると、わが子もこんな表情になっていることがあるのかも知れないと思ってしまった。（40代・主婦）

いくじなし！

キャロル・カーリック 作
定松正《さだまつただし》 訳
ドナルド・カーリック 絵

さ・え・ら書房
1986年1月
1121円

不動産業の免許を取るために、お母さんが勉強を始める、その行動がバーニーに伝わり、いくじなしを克服するという流れは、母親としては考えさせられてしまいます。（40代・塾講師・主婦）

本当の勇気とは

主人公のバーニーは両親が離婚《りこん》したため、新しい土地に引っ越します。新しい学校になじめないうちに、町の腕白《わんぱく》坊主のいじめにあいます。

この物語はアメリカの話ですが、人種問題と同じように、アメリカやイギリスでもいじめは問題になっています。

弱虫のバーニーは下校時間になると、またいじめっ子に待ち伏せされているのではないかと落ち着きません。お兄ちゃんが加勢してくれますが、いつも一緒というわけではありません。働いているおかあさんはいつも帰りが遅いのです。

嫌われていると思われていた新しい先生は、バーニーのことを考えてくれているのだとわかります。先生が助けてくれようとしますが、ある日バーニーは、「ぼくは逃げない」と、いじめっ子に決然《けつぜん》と立ち向かっていきます。雪玉をたくさんつくって、中に石を入れて、バーニーにぶつけようと待ちかねている子に、

「やるんだったら、やってみな。どんなことをされても、ぼくは、ここをとおっていくさ」

足を踏ん張っていじめっ子の脇を通っていきます。相手はあっけに取られて、それから気圧《けお》されて、おどおどして、何もしません。

「やったぞー」

バーニーは大声で笑い出しました。

自分ひとりでいじめっ子に立ち向かったのです。自分の力でいじめっ子に立ち向かったバーニーの勇気は本物です。さりげなく書かれた、不動産業の免許を取るために勉強を始めるというお母さんの行動が、バーニーの勇気に力を与えていたのではないかと思われます。

文中の写実的な挿絵《さしえ》は夫のドナルドのものです。

学校のトラブル解決シリーズ3

いじめ

手おくれになる前に

エレイン・スレベンス 作
上田勢子《うえだせいこ》 訳
桑田木綿子《くわたゆうこ》 絵

大月書店
2008年12月
2000円＋税

子どもたち自身のトラブル対処法

この本は、子どもたち自身がトラブルの原因や封処法について考え、学びながら、「自分でもできる!」と、「いじめ」に関わるさまざまな実態を身近な問題から問いかけ、解決への道案内を示してくれています。

「あ〜、今日もまた、学校で、からかわれたり、こきつかわれたり、いじわるされたりするのかな……。」

「もし、自分が安全でないとかんじているなら、まずは、この本を読むことが第一歩になるよ。」

最初の呼びかけが、こんなことからはじまり、「いじめ」とは何なのかを、わかりやすく説明しています。

〈内容〉
この本は「学校のトラブル解決シリーズ全7冊」の中の一冊です。
1 けんか
2 うわさ・かげぐち
3 いじめ
4 からかい
5 言いあらそい
6 ネットいじめ

「いじめ」の問題があちこち話題になることが多く、何が「いじめ」にあたるのかわかりにくくなってしまっている傾向がありますが、こんな場面も確かに「いじめ」なのだと、整理されて示され、その対処法・解決法を示してくれています。

「いじめってなんだろう」の章では、次のようなことが記されています。

バカにする、ひどくけなす。「や〜い、みんなのきらわれもの！」／ひどいことを言ったり、書いたりする／いじわるを言ったり、バカにしたり、差別的なことを言う／こわがらせたり、いやな気分にさせる／持ちものをとったり、こわしたりする／悪いうわさをたてる／おどす／容姿や外見をバカにする／仲間はずれにする／遊びやゲームの仲間に入れない／無視する／むりに、なにかをやらせる／いやがっているのに、異性をさわる／わざと問題をおこさせる。

これら「いじめ」の事例の判断はなかなか微妙でむずかしいものばかりです。それをクイズやマンガの手法をふんだんに使い、問いかけています。いじめがはじまる四つの例の章の四コママンガ「身体的いじめ」「間接的いじめ」「性的いじめ」「差別いじめ」を理解しただけで、学校でのいじめはかなり解決できそうです。

兄弟げんかを見ているだけでも気になることが多いのに、学校ではどんなようすなのか心配です。一つでも二つでも、いじめにつながりそうなことはやめさせたい。（30代・会社員・男性）

どうしてぼくをいじめるの？

ルイス・サッカー 作
はら るい 訳
むかい ながまさ 絵

文研出版
2009年4月
1200円＋税

校長先生だって、みんなだって

「どうして鼻をほじっちゃいけないの？」
（妹のリンジーの質問）

マーヴィンは九歳、三年生です。ある日学校でボール遊びをしているとき、鼻をほじったといわれて、いじめにあいます。そんなことしてないといっても、汚いといって、誰も遊んでくれません。先生にまで、“非衛生《ひえいせい》な子”といわれてしまい、ぼくは本当に恥ずかしい子なのかと、落ち込んでしまいます。

家でも元気がないのを心配した両親にその話をしていたとき、妹のリンジーがなにげなく聞いてきたのが冒頭《ぼうとう》のことばです。

子どもたちがいて、先生がいて、両親も兄弟もいて、校長先生もいます。それが関わって学校があります。この子どもたちを取り巻くあたりまえの環境の中だからこそ、いじめは退治されるのでしょうね。（70代・女性）

「いじめ」のはじまりは、とてもつまらないこと、マーヴィンの妹がそのことを教えてくれました。（30代・女性）

そうだ、大統領《だいとうりょう》だって校長先生だって、鼻をほじったことがあるよ。

両親のことばに励《はげ》まされて、マーヴィンはいいことを思いつきます。土の中に埋めて、五十年後に掘り起こすアンケートをひとつ考えて、みんなに質問するという宿題がでていたのです。質問には正直に答えなくてはなりません。まだ何を聞くか決めていませんでした。

マーヴィンはさっそくクラスのみんなに、

「鼻をほじったことがありますか？」

と聞いてまわります。みんなは笑いながら「イエス」と答えます。女の子たちもです。クラスの先生も、校長先生も「イエス」です。ただひとり、いじめっ子のクラレンスだけが、「あるわけないだろ！」と答えます。その発表の日、「うそつき！」とクラスのみんなはクラレンスをせめて、マーヴィンはまたみんなと遊べるようになりました。

　他愛ない話で、分かりやすいなかに、いじめの始まりのつまらないきっかけや、それを打ち破る、ひとつのヒントがあるように思います。このくらいすっきりといじめの根拠《こんきょ》のなさを描かれたら、いじめられている子が、ほっとするのではないでしょうか。「ぼくはすこしもわるくない」と。

いじわるブライアン

マージョリーとアンドリュー・シャーマット作
乾《いぬい》 侑美子《ゆみこ》訳
はた こうしろう絵

偕成社
1995年5月
1000円（税込）

弱い者いじめは「ひきょう」で「はずかしい」こと

この物語はアメリカで人気の高い〈スクールバスのなかまたち〉シリーズの一冊です。「力の強いものが弱いものをいためつけるのはひきょうだ」と、優等生のマックスは立ち向かいます。それで二人はバスの中で大げんかをします。いくら強くても弱いものいじめは本当の強さではありません。ブライアンはそこを理解していませんでした。

ブライアンについてきたようちえんのジャックが行方不明になってしまいます。「あいつ、きっと、車にはねられたんだ。おれのせいだ」ブライアンは思いました。

〈あらすじ〉

ブライアンはいじめっ子、らんぼうでいじわる。スクールバスのなかまからきらわれ者。こんどは小さな一年生をいじめだしました。ひどい、チャーリーとマックスは、もうがまんできません。マックスとブライアンはバスの中でとっくみあいのけんかをはじめます。二人は校長先生によばれます。「マックス、一年生のクラスにいなさい。一年生の手本になるような生徒でいなさい」「ブライアン、きみはようちえんだ」いやでたまらないブライアンにようちえんの小さな友だち？ ができます。ジャックです。ジャックはブライアンを小さくしたような子

ブライアンはマックスとチャーリーにたのんで三人でさがしに行きます。やっとのことで泣いていたジャックをブライアンは見つけます。学校に帰ると、ブライアンは校長先生からほめられて、一年生をまもる英《えい》雄《ゆう》になってしまいました。

帰りのバスでチャーリーはマックスに「ブライアンにやさしくすれば、ブライアンも、もっとやさしくなる」と話します。優等生のマックスは「それはどうかな？」と答えます。それでも、スクールバスのなかまは、ブライアンを英雄として拍手でむかえます。

スクールバスの運転手のハリーは、まほうのことばをおしえてくれました。ブライアンにいじめられないでもすむ、まほうのことばを……。

日本にも、むかし、ブライアンのような、いじめっ子がいました。いじめっ子にはかならず子分がいて、弱い者いじめをしていました。小学校時代のクラス会に行きました。むかしいじめっ子だった子は一度も来ていません。来られないみたいです。いまのいじめは、集団でひとりをいじめます。そうなるとだれもクラス会に来られなくなってしまいそうな気がします。

です。ブライアンが学校をぬけだすと、ジャックがついてきてしまいます。

——きみたちは、まるで小《ちい》さい子《こ》どものようなふるまいをしたのだから、小《ちい》さい子《こ》どものクラスにいってもらう。

——ミラー先生のクラス。ようちえんだ。

ぼくのお姉さん

丘修三《おかしゅうぞう》 作
かみやしん 絵

ほんとうの〈人間〉になる
ひとの心のいたみがわかる〈人間〉に

この本に描かれた六人の主人公が体験《たいけん》した胸《むね》の奥の痛みは、おとなになったあなたも、これからおとなになるあなたも、きっと体験したり、体験するはずの痛みです。おとなになっても、思いだすたびに、胸がうずくような痛みを覚《おぼ》えます。近所の障《しょう》がいのある子を、私自身いじめたことを。

『ぼくのお姉さん』には、ダウン症という障がいがあります。まんぞくに数《かず》もわかりません。そのお姉ちゃんが福祉作業所ではたらき始めます。そんなある日、夕食のとき、お姉ちゃんがみんなでレストランに行

偕成社
1986年12月
1200円＋税

〈あらすじ〉

お姉ちゃんはいないほうがいいか?

いや、いたほうがいい。

だけど……。

「ぼくのお姉さん」と題を書いたものの、作文はその先にちっともすすまなかった。

ぼくのお姉ちゃんは、ダウン症のため障がいがある。チビ・デブ・ブス？　十七歳だけど、ことばだってよくわからない。ぼくはみんなに知られないようにしていたけど、友だちが家に遊びにきて、ばれてしまった。学校に行くともう広まっていた。

お姉ちゃんはこの春から福祉作業所にはたらきに行きはじめた。朝九時から四時半までは

こうといいはるのです。しかたなくレストランに行くといつもとちがって、お姉ちゃんは一人ひとりに、なにを食べるか聞くのです。

料理がはこばれ、ウェイターがかんじょう書きを置くと、お姉ちゃんはその紙を手にとってながめながら、いかにもわかったというように、こくんこくんとうなずくのでした。お姉ちゃんがなにかいいました。そして、ポシェットから封筒《ふうとう》をとりだし、お母さんにわたします。それはお姉ちゃんが初めてもらったお給料でした。朝九時から四時半まではたらいて、手にしたお給料は千円札《せんえんさつ》が三枚。一日中はたらいて、これだけの給料でした。食事が終わって、お父さんがお姉ちゃんに「ひろのお給料だ。ひろがはらっておいでよ」といいました。ぼくは心配になって、「パパ、あれじゃ足りないよ、きっと」と耳打ちします。「五千二百円いただきます」レジから声が聞こえます……。

お姉ちゃんの初めてのお給料が家族にとどける小さな奇跡《きせき》。机の上に、『ぼくのお姉さん』と、題だけ書かれた原稿用紙《げんこうようし》に、ぼくは最初の一行を書き始めます。

「ぼくのお姉さんは、障がい者です。」

お姉ちゃんにも自分自身にも自信をこめて。

たらいている……。他五編、いずれも障がいを持つ子とのかかわりを描いた秀作。

みんなは、「おれにも、おまえのお姉ちゃん、みせてくれよ。」と、いった。まるで、動物園のサルでもみるかのように……。

自分をまもる本

いじめ、もうがまんしない

ローズマリー・ストーンズ 著
小島希里《こじまきり》 訳

「自分で自分をいじめない」という視点をもつ

この本は、きっとかなり役立ちます。悩んで苦しんで泣きたいようなときにぎゅっと抱きしめてくれるような、心強く頼りがいのある存在になってくれることでしょう。

この本が秀《ひい》でているのは「自分で自分をいじめない」という視点です。

著者は、自信を喪失《そうしつ》し「自分が自身を認められなくなる」ことをいじめのもたらす被害《ひがい》のなかでいちばん重く受け止めています。さらに相手を変えることはむずかしい（ただし不可能ではない）ことを熟知《じゅくち》したうえで、誰もが無限の力をもつ「心の力」をふくらませようといっています。

晶文社
1995年12月
1200円＋税

この本の目次

〈内容〉

第1章の＜いじめってなに？＞では、いじめの構造をわかりやすく読み解くことができます。第2章＜自分とともだちになろう＞以降、第3章＜元気になるレッスン＞までは「自分の心をまもる」具体的な考えかたや

＊心の力はだれもがもっている。きみには、自分でも気がついていないような力がひそんでる。この力をつかえば、思っていることを相手につたえて自分をまもることができるんだ。

＊もし、自分をまもることができるようになれば、他の人はきみをいじめることができなくなる。

＊もし自分をまもることができるようになれば、いじめたりおどしたりしてほかの人を自分の思うとおりにうごかそうとしなくてもすむようになる。

（2　自分とともだちになろうより一部引用。本文44ページ）

生きている限り、人の心は揺れ続けます。自分を見失うことばかりといえるでしょう。道に迷って、傷ついたとき、傷の浅いうちにいつでも処置できるよう、家の薬箱のように置いておきたい一冊です。その毅然《きぜん》とした温かな語り口は、生涯《しょうがい》にわたる心の友のことばのように心深くに棲《す》み続け、困った時にかならず勇気づけてくれるはずです。

イギリス生まれの著者、ローズマリー・ストーンズは編集者です。子どもの権利条約のワークショップ設立経験があり、日本語で読むことのできる他書として『あかちゃんはどこから?』（ポプラ社刊）があります。

方法についてかなりのページがさかれ（自分を大切に思うことは、気持ちってなんだろう、自分で自分をいじめない、怒るのはいけないことじゃない、落ち込んだとき、自分の気持ちを話してみようなど）、最終章の第4章〈自分をまもるかしこい方法〉では、実際のいじめへの予防対策（暴力によるいじめへの対策、集団いじめなど）を知ることができます。巻末付録に「子どもの人権救済に関する各弁護士会の無料相談機関一覧（初版発行時のもの）が掲載されています。

シリーズ・身を守る3
いじめや仲間はずれから身をまもる

ほろいわ なな

いじめはけっして許されない

日本のどこの地域の子どもたちも、いじめを受ける、いじめる、そのどちらにも関わらない、のいずれかに分けられるのが、残念ながら今日の子どもたちの現状です。

この本では、1章「仲間はずれやいじめにあっているきみへ」。2章「だれかをいじめたいきみへ」。3章「いじめを『見ている』きみへ」。とわかりやすい3章の構成になっています。

私には関係ないと思われている方も、自分は自分の身を守りたいだけという方も、これからみんなと仲良く勉強し、力強く生きていくために、きっとこの本は力を与えてくれるでしょう

交換日記、学級新聞、壁新聞、学級文集、学級だよりなどが、学校から消えてしまっているように思えます。先生にとってはたいへんな仕事だったと思いますが、友だちのこと、勉強のこと、いろんな意味で理解しあえたように思えるのですが。（40代・主婦）

ポプラ社
2002年4月
2000円＋税

そのために必要で大事なこと、あなたへの問いかけや質問がたくさん出ています。それらに、自分で感じたこと考えたことをまとめてみてください。

そのうえで、友だちの感じ方・考え方と付きあわせてみてください。いろんなことが発見できるはずです。

著者は最後のページで、次のように呼びかけています。

「どの子にも、いじめを受ける可能性があります。こういう性格だからいじめられる、こういう状況だからいじめられるということは今はありません。」

と説明してくれた後に、次のように呼びかけています。

「大切なのは、まずいじめられている側をまもること。そして、いじめている側に、いじめがエスカレートしないうちにやめられるように、どうすればやめられるか、具体的な方法を教えてあげることです。」

今日の子どもたちは、いじめる側も、いじめられる側も、心は傷つきやすく、苦しい気持ち、ストレスをかかえています。著者のほろいわななさんは、「いじめ」問題にかかわっての問いかけや質問を本の中でたくさんしています。それに自分自身でまず答えてみてほしいと思います。

ほけん室のちーちゃん

和田登《わだのぼる》 作
福田岩緒《ふくだいわお》 絵

新日本出版社
1993年2月
1223円（税込）

ほけん室はいじめられっ子の「かけこみ寺」

みゆきたちにいじめられていたちーちゃんはほけん室登校を選《えら》びました。ほけん室にはちーちゃんの話をいつも聞いてくれるあさはら先生がいるからです。あさはら先生はいろいろなことを教えてくれます。体《たい》重計《じゅうけい》のよみ方も。先生は、ひとことも教室へ行かなきゃ、とはいいません。そればかりか、つくえをはこんできて、先生のとなりにちーちゃんの席《せき》をつくってくれたのでした。

どこの学校にもほけん室があって、そこには先生がいます。ほけん室の先生は授業中《じゅぎょうちゅう》でもほけん室にいてくれます。やさしく話をきいてくれます。テストも通知表《つうちひょう》もそこにはありません。つらい教室とはちがい

※現在、品切れとなっております。

〈あらすじ〉

ちーちゃんの大好きな、ほけん室のあさはら先生。ちーちゃんの話をいつも聞いてくれる。

担任のいけがみ先生はとなりのベテランのみずの先生のまねばかりでクラスがうまくいかない。

ちーちゃんが教室に行けずに保健室登校や欠席が多くなったのはみずの先生式の「かん字テストの班競争」が始まってから。班長のみゆきはちーちゃんがにくらしい。ちーちゃんのいる班はいつもビリ。いつも汚れたかっこ、勉強もできない。（それには理由があるんだけど。ちーちゃんのお母さんに新しい恋人が

ます。つらくてしかたなくなったら、いつでもほけん室にいってよいのです。ほけん室登校は原則出席あつかいになるのですから。

　ちーちゃんはあさはら先生のはげましで、ほけん室のお手つだいをしたり、六年生の教科書にでてくる詩《し》のろうどくが上手にできて教頭先生から五重まるをもらえるまでになりました。担任《たんにん》のいけがみ先生も感心して、ちーちゃんに一学期さいごのお楽しみ会で詩《し》のろうどくをしてよー、とすすめてくれました。クラスでもちーちゃんを応援してくれる子がいます。ちーちゃんが、なんでも自分で納得《なっとく》して決めるまで、先生たちは見守りはぐくんでいきます。読みすすめるほど、これが学校のほんとうの姿だな……そう思います。

　二十年も前に書かれた作品ですが、今の学校の先生たちや子どもたちに、ぜひ読んでいただきたい一冊です。学校とは本来《ほんらい》こういう所です。

　あの頃の先生たちには、心にゆとりがありました。立ちどまって、一人ひとりの子どもを見つめ、学校全体でひとりの子どもを守ろうとする努力《どりょく》や協力《きょうりょく》があったのです。いつの間にか、学校が冷たく、血《ち》の通《かよ》わない場所になってしまったように思います。

できてから、おかあさんはちーちゃんをかまわなくなってしまったのです）みゆきは、ちーちゃんにいやがらせをするようになった。くつをかくす。うわばきでたたく……。

「あさはら先生、どうして教室へ行きなさいって、いわないの？」

先生は、ちょっと笑った。

「早くちーちゃんに、教室に帰ってもらいたいから——」

ぼくたちは、いつまでも

関谷《せきや》ただし 作
ヒロミチイト 絵

そうえん社
2007年8月
1100円＋税

ぼくたち、いつまでも友だちでいようね

ブッチーはみんなにいじわるされたり、バカにされたりしています。そんな自分が、ブッチーはいやでたまりません。同じクラスのいじめっ子の水野くんは、頭が良くて足もはやい。スポーツ万能《ばんのう》でとっても人気がある。神さまってなんて不公平なんだろう。がんばったってダメな子はダメなんだ。ぼくはあきらめていた。そんなぼくに神山くんは、「バカにされたり、いじわるされるってのも、友だちってしょうこだよね」なんていいます。そんなことあるかい！　そうみなさんも思うでしょ？

でも、このことばには深い意味があったのです。神山くんはからだ中の筋肉《きんにく》がかたまってしまう病気。病気になる前は、ブッチーのように

〈あらすじ〉

ぼくは田淵安彦、四年生。太っているからブッチー。ドッジボールではボールをぶつけられて、いじわるされる。

からだの筋肉がちぢんでだんだん力がなくなっていく病気の神山くんは車いす。その神山くんがぼくに、「田淵くんって、みんなからバカにされたり、いじわるされていると思ってるだろ？」（ああ、そのとおりさ。のろまでドジだってバカにされてるさ）。すると、「いいな……」神山くんが、車いすでポツンといった。こいつ、なにいってるんだ。いじわるされるのがうらやましいなんて。二学期の席がえで、ぼくは神山くんのとなり

太った元気な子で、おとうさんと山登りもしました。そのときの写真が神山くんちにかざってあります。

ブッチーは神山くん係りになって（たまたま席がとなりで）、〝人づかいのあらい〟神山くんに悩まされます。でも、そこでブッチーは、神山くんから、あきらめないことを教わります。あんなにこわかったドッジボールの強いボールも、練習したおかげでキャッチできました。それを神山くんは、自分のことみたいによろこんでくれたのです。

ブッチーは神山くんと友だちになりました。運動会も一緒に走りました。でも、やっと仲良しになれたのに、神山くんは入院してしまいました。五年生になった六月、神山くんは亡くなりました。

神山くんはブッチーにがんばれといい続けました。ブッチーをがんばらせることで、神山くんは自分もがんばっていたのでした。ブッチーは神山くんにちかいました。「もう、ぼく、かんたんには負けないよ。バカにされたからって、いじけたりもしないよ」と。生きることはつらいけど、命を生かし切ることを、神山くんは命をかけて教えたのです。

になった。その日から、ぼくは神山くんの係りになった。

「弱虫ブッチー、でぶっちょブッチー……」

がんばったって、神さまにえらばれなかった子は、ずっとだめなんだ。友だちだってできないんだ。ぼくは、いつのまにか、そう、あきらめていた。

えっ！おれっていじめっ子？

井上《いのうえ》よう子 作
夏目尚吾《なつめしょうご》 絵

文研出版
2000 年 1 月
1200 円＋税

でもおれ、いじめてるつもりないのに……

いくら善意《ぜんい》であっても、ほんとうの気持ちが相手につたわらないといじめに見えてしまうことがあるのです。この本の純くんもそうでした。

今、学校では「いじめ」をなくそうと、先生たちもピリピリしています。子どもたちのらんぼうなことばづかいも心配です。「ことばの暴力《ぼうりょく》」も心配です。いつほんとうの「暴力」にかわるかも知れません。純くんの先生のように、「友だちをいじめるいじめっ子はひきょうものです。いじめをゆるしてはいけません」と、先生たちから子どもたちは言いきかされています。

でも、純くんのような、ちょっとらんぼうでことばづかいのわるい子

※現在、品切れ、重版未定となっております。

〈あらすじ〉

おれは純士、四年生。ちょっとらんぼうだけど、松ちゃんのことをきらいじゃない。松ちゃんはよごれるのがきらいで、いきものは気持ちわるいってさわれないくせして、やたらくわしくて、生物学者になりたいなんていっているんだ。そのくせ、おれといっしょに飼育係をしてる。

おれはそんな松ちゃんのために、戸部池でみつけた巨大おたまじゃくしを学校にもっていった。そしたら、大さわぎ、松ちゃんがびっくりしておたまをふんづけてつぶしちゃった。そしたら女の子たちに「きたない」って

は、どうも、いつも誤解《ごかい》されがちです。この本の純くんのえらいところは、担任の先生からは「いじめっ子」だと思われていても、それにめげずに、「友だち」の松ちゃんを純くん流でなぐさめたり、力づけたり？しします。松ちゃんがきたないって女子からきらわれれば、自分もきたなくなって松ちゃんだけじゃないぞって、やってみせます。案の定、先生に見つかってしかられます。松ちゃんをたくましくしたいからでした。でも、松ちゃんからも「やり方がおろかなんだよ」といわれてしまいます。

二人を変えたのは戸部池《とべいけ》の「かいぼり」でした。いいえ、二人だけではありません。担任の先生の子どもたちの「見方」まで変えてしまいます。松ちゃんがたくましくなって、純くんも先生から、「上田くんのおかげよ」と見なおされてしまいます。

子どもたちはさまざまな体験をとおして、成長していきます。

おとなは一人ひとりの子どもを否定することなく、じっくり時間をかけて見まもり、育くんでいってほしいと思います。

きらわれちゃった。おれは「いじめっ子じゃない」と思ってたけど、知らないうちに松ちゃんをひどいめにあわせてたんだ。
松ちゃんをなんとかしなくちゃ……。そうだ、今度の土曜、戸部池でかいぼりだっけ……。

先生は力をこめて、ねんをおした。
これで、どんかんなおれにも、はっきりわかった。先生が何をいいたいか、なんでビデオを見せたかってね。
おれって、いじめっ子だったんだ。

こちら、いじめっ子対さく本部

沖井千代子《おきいちよこ》 作
うちべ けい 絵

金の星社
1997年6月
560円＋税

おとなの前では、いつもいい子でも子どもたちのあいだでは……

むかしのいじめっ子はだれから見てもいじめっ子。でも、今のいじめっ子たちは、どうも、おとなの前ではとても〝良い子〟のようです。その〝良い子〟が裏では、子分をひきつれて弱いものいじめをくり返します。

「正一さいがい対さく本部」のひがいしらべで、正一のいじめのひがいがあとからあとから出てきます。先生に話しても信じてもらえません。同じクラスのほりくんもやられていました。正一のるすをねらって、ほりくんとまみと三人で正一のおかあさんにあって、みんながこまっていることをはなしました。

※現在、重版未定となっております。

〈あらすじ〉

れいじは小学四年生。おかあさんと妹のまみの三人家族。おとうさんは事故でなくなりました。でも、夜空を見あげれば、星の花畑の中からおとうさんの声がいつもれいじには聞こえます。

れいじの大のにが手は正一、いつも見つかるといじめられる。今日だって、あわてんぼうのおかあさんのことでばかにされたのです。

正一は、成績オール5、先生やおとなの前ではいつもいい子で、ゆうとう生です。おかあさんはPTA役員。だから先生たちに、正一のいじめをうったえても信じてもらえないの

「正一がいじめるって？　正一はそんな子じゃありません。そんな作り話をするなんて」と、追い返されてしまいます。ダメだ、正一のおかあさんにたのんだのは甘すぎました。

正一はいつも四時に家を出てどこかに行きます。その時の正一はひとりで、泣き出しそうな顔をしています（ほんとうは弱虫なのかもしれない）。正一ひとりのときなら、ぼくたち弱いものだって、弱いものがかたまれば強くなるかもしれない……。れいじはひがい者にれんらくしました。「正一くんにあって、いじめないでくれといおう」みんなで正一と対けつします。

ぐうぜんとみんなの応援《おうえん》で、れいじは正一をやっつけます。正一は泣きながら家に帰ります。

家に帰った正一は塾《じゅく》をさぼっておかあさんにしかられたくないと、庭にかくれました。すると目の前にかたつむりがいます。ゆっくりと枝をのぼっていきます。自分の力だけで。おかあさんはぼくのことに一生けんめいすぎるんだ。ぼくは、自分の力で、自分の足で歩くんだ。塾や勉強で、むしゃくしゃするからいじめてたんだ。正一はほんとうの自分に気がついたのでした。

です。やっつけようにも、子分たちがいつもいっしょです。

れいじは「正一さいがい対さく本部」をうちにつくり、さっそく正一と子分にいじめられたものの、ひがいしらべにのりだしました。

「先生、正一くんたら、わたしをいつもいじめます。」先生たちはふしぎそうに、顔を見あわせました。

「なにかのまちがいじゃないの？　正一くんが、ほんとうにそんなことするの？」

雲じゃらしの時間

マロリー・ブラックマン 作
千葉茂樹《ちばしげき》 訳
平澤朋子《ひらさわともこ》 絵

あすなろ書房
2010年10月
1200円＋税

〈あらすじ〉
「詩を書いてみよう」と、マッキー先生が宿題を出します。不平不満を口にするクラスメイトたち。サムが書こうと思ったのは、今はいないデビーのことでした。サムは、デビーのことを書いていいかみんなの前でたずねます。いじめっこのアレックスは露骨に嫌がりますが、それでもサムはいじめられていたデビーのことを詩に書いていきます。デビーとの出会いから別れまで、すべてが詩で構成された物語です。

サムは私。私はサム。

デビーとの出会いから別れまで、この本はすべてがサムの書いた詩だけで構成されています。デビーのことを書くことは勇気がいることだったと思います。つらいけど、もう自分をごまかすことのできないサムは、デビーとの思い出を詩に表現します。

「ほんの一瞬《いっしゅん》の通り雨。／その雨が霧《きり》になって、／真珠《しんじゅ》のように輝《かがや》いている。／そこに太陽の光がさしこんで、／うっすらと虹《にじ》が見える。／灰色《はいいろ》のちぎれ雲のなかで、／虹がおどるように、／輝いている。」

デビーとの出会いは、サムの毎日を退屈からきらめきに変化させてくれました。デビーと一緒に見たその光景は、サムの頭の中に今まで使ったことのないことばであふれ、新鮮な驚きとともに、今まで見てきたことのなかに、全く気がつかなかった新しい発見をします。

しかし、デービーはいじめられっ子です。サムとデービーは秘密の友だちです。サムはデービーとの仲を指摘《してき》され、大嫌いだと答えます。そのことをデービーに聞かれ、さらに大きな過ちを犯してしまいます。友だちに戻りたいのに、二人の仲は修復《しゅうふく》しないまま別れを迎えます。

友だちのデービーにひどいことをしたサムですが、嫌いになれません。サムは感じたこと、考えたことを包み隠さず、まっすぐに表現しています。デービーとのキラキラした日々。笑いものにされたくなくてデービーにひどいことをしたこと。デービーがいなくて寂しくてたまらないこと。私のなかのずるくて格好悪い部分がサムの素直な詩のことばに触発《しょくはつ》され、私の中の弱くてほろ苦い思い出とシンクロし、サムの気持ちに共感してしまうのです。

サムは私。私はサム。後悔《こうかい》と喪失《そうしつ》感にもがいていているサムがあのときの自分と重なってしまうから、嫌いになれないのです。「がんばれ!」と応援したくなるのです。

生きてるってことは、人がやりとげる、
なにもかもすべてみたいだね。
そして、それよりも、はるかにはるかにはるかに
はるかに
すごいものだよね。
生きてるって、すばらしいよね!

さびしさの授業

伏見憲明《ふしみのりあき》

イースト・プレス
2011年10月
1000円＋税

「さびしさ」で「私」は「私」でこの世界で存在する

子ども時代に受けたちょっとしたことばや嫌なできごとはおとなになっても、ふと思い出すものです。それは、人によって重さは違いますが、いつも心のどこかに影となって存在し続けます。それを「いじめ」と取るかは本人しだいですが、本人にとっては「いじめ」であろうがなかろうが、辛く「さびしい」時間だったことには変わりはありません。

作者の小学生時代のたった一週間におきたできごとから始まります。「生意気だ」というおさむ君の一言によって昨日まで仲良く過ごしてきたクラスメイトに、「無視」されるのです。冷静にいつも通りに傷つい

〈内容〉

人が「さびしさ」を感じるときとはどんなときでしょうか。「私」という存在を否定されたようなときではないでしょうか。本書では映画「シックス・センス」「X－メン」「千と千尋の神隠し」や「赤毛のアン」など、身近なところから「さびしさ」とは何かを教えてくれます。

この世界は「私」がいなくても存在し続けます。しかし、「私」はこの世界なしでは生きることはできません。そのことに気づくことが「私」と世界の関わりの出発点であり、この世界で生きていく第一歩になるのです。

てないふりをすることによって一週間ほどで無視はなくなり、またもと通りの日々が始まりました。しかし、おとなになった今でも、その心の傷は当時の「さびしさ」を思い出させるのです。そのような状況に現在身を置いている子どもたちはいったいどうしたらよいのでしょうか。

作者はこう考えています。子ども時代に感じた孤独や疎外感、そして本人しかわからない辛い経験は「私」という存在に気づくことができれば、その感情から脱出し生きていくことができると教えてくれます。一つひとつのできごとが今の「私」をつくり上げ、未来の「私」へと向かっていく。世界という大きさの前では「私」は小さな存在かもしれません。しかし、さまざまな経験をしていくことが、唯一無二の「私」をつくり上げます。そして、毎日を大切に生き、身近な人たちとていねいに関わっていくことで「私」は本当に必要とされる「私」に成長していくのです。「さびしさ」とは人にとって「生きる場所」を見つけ出し、人と関わっていくうえで必要な糧《かて》となるのです。そして、「さびしさ」は現在「生きる場所」を求めて必死の叫びをあげている「他の私」に寄り添える人へと成長させるのです。

人は誰《だれ》しも、「私」が「私」でしかありえないような経験《けいけん》を通じてここに存在《そんざい》している。（中略）それを何かの拍子《ひょうし》に感じ取ることで、「私」は「私」であることの「意味」を十分に確認《かくにん》することができる

じぶんでじぶんをまもろう②

ひとりでがまんしないよ!

いじめにまけない

嶋﨑政男《しまざきまさお》 監修
すみもと ななみ 絵

あかね書房
2006年2月
1400円+税

〈あらすじ〉
おっとりやさしい女の子、アンちゃん、サッカーが大好きな元気いっぱいの男の子、ゼンくん。犬のハナ丸くんと、ケンゾーおじいさんが、二人の話を聞いて、いじめから、自分で自分を守るためにどうすればいいのか。いじめられている子を見てしまったらどうするのか。みんなで考えるように導いていきます。

具体的なできごとで、どうしたらいいかをわかりやすく!

「いじめ」は、いけないこと、悪いこと。それは誰でもわかっていることです。きっと誰もいじめたくないし、いじめられたくない。じゃあ、「いじめる」って、「いじめられる」ってどんなことでしょうか。実際にいじめの現場に出会ったとき、どうすればいいでしょうか。

この本では、アンちゃんという女の子とゼンくんという男の子が、学校で起きたできごとをとりあげて、みんなに考えることを提案しています。そして、いじめられたら、どうすればいいのか、いじめに負けない方法をいくつも提示しています。さらに、「いじめ」では、いじめる子、いじめられる子の、一対一の関係だけではなく、誰かがいじめられている場に遭遇《そうぐう》してしまったときに、どうすればいいのかも、書かれています。「いじめる」「いじめられる」その当事者よりは、この「いじめを見てしまう」というのが大多数だと思います。

自分がいじめているわけじゃないからいいや、何かいったら今度は自分がいじめられてしまうのではないか。誰かがいじめられているのを見ても、そんなことを考えると、見なかったふり、しらんぷりをしてしまいがちです。でも、本当にそれでいいのでしょうか？「いじめを見なかったふりをするのは、いじめているのと同じことだよ」ということばが大きく目にとび込んできます。そして、しらんぷりせずに、勇気を出して行動する具体的なことが書かれています。

最後の章では、いじめたくなったりするのはどうしてなのか。自分もそんな気持ちになったりすることはないのか。いじめる子の気持ちも考えています。

いじめに負けないように、ひとりで悩まず、みんなで考え、勇気を持って行動する。何となく思うだけでなく、具体的に実践《じっせん》するためのガイドになる一冊です。

> ひとつひとつのじゃがいもは少《すこ》しずつちがうけれど、みんな同《おな》じじゃがいもだよね。
> きみたちだって、同《おな》じだよ。少《すこ》しずつちがったとくちょうをもっている。でも、みんな、同《おな》じ人間《にんげん》なんだ。

名前をうばわれた　なかまたち

タシエス 作・絵
横湯園子《よこゆそのこ》 訳

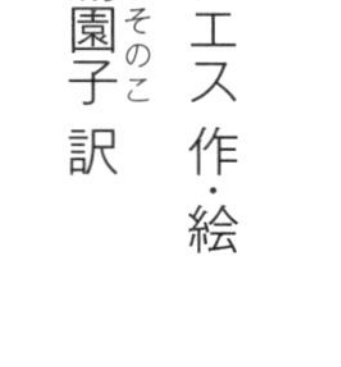

さ・え・ら書房
2011年5月
1500円＋税

タシエス
一九六三年スペイン生まれ。

名前を呼ばれないことの残酷《ざんこく》さに、どれほどの人が気づいているだろうか

冒頭でつづられる、少年のあまりにも激しい孤独感《こどくかん》に、ことばを失います。そして、とても印象的な力強いタッチで描き出される学校風景。胸をかきむしられるような暗さ、個性を失くしたりんごの姿で描かれる頭は、学校という場が、集団の生み出す特殊な世界であると暗示しているのでしょうか。語られる文章が少ない分、読む人それぞれが考え感じてほしい本です。

訳をされた横湯さんは臨床《りんしょう》心理士で、不登校、ひきこもり、いじめ、虐待《ぎゃくたい》などのカウンセリングをおこなっている専門家です。最後の解説文にも心を打たれます。

毎朝のことだけど　世の中のよいことみんな
新しい日の光　オーブンの匂いとか
それはみんな　アンナ　ベス
チャーリーとダニーのため

小学校高学年

クラスの中で考える

いじめと戦おう!

玉聞伸啓《たまきのぶひろ》

小学館
2011年11月
900円+税

いじめられているあなたへ

いじめを乗り越えた先輩《せんぱい》たちの声が紹介されています。

「『自分は弱い』と思っている人こそ、本当は強いです。」

「『すべての人が自分をいじめ、きらっているわけではない』と考えることが大切です。」

「絶対に無理だけはしないでください。いやなことはいやなもの。行きたくない化け物屋しきに行く必要はありません。まずは休む。次に相談する。」

どんないじめにも効く二つの方法として、①学校でやる「自己中つぶし」、②影の実力者を味方にする、ほか、シカトされたときの作戦、ものをぬすまれたり、ラクガキされたり、かくされたら、など。

いじめられている友だちを助けるための、「ひとりでもできて、安全な助け方」などが具体的に優しく、イラスト入りで紹介されています。

著者は東京都東大和《ひがしやまと》市役所に勤《つと》めています。ホームページ「いじめと戦おう～対策と克服法～」の管理人《かんりにん》です。

子どもの頃、いじめたことも、いじめられたこともあり、いじめられなくなるための方法を考え出していました。それを早く伝えたくてホームページを立ち上げたら、毎日二五〇〇回以上アクセスがあり、「いじめられなくなりました」など、感謝《かんしゃ》のメールが届いています。そのホームページを元に本書をまとめました。寄せられたたくさんの意見や、体験談などが入っています。

いじめによる自殺のニュースはあとを断《た》ちません。いじめに苦しむ本人や保護者《ほごしゃ》、先生などに本書を役立ててほしいと結んでいます。百二十七ページのうすい本ですが、随所《ずいしょ》に入れられたイラストが親しみやすく、暗くなりがちな中身を救《すく》っています。低学年の子どもたちにも親しみやすく、分かりやすいでしょう。

「いじめと戦おう！ ～対策と克服法～」
http://www.ijimetotatakaou.com/

いじめられているということは、実は、あなたの精神、にんたい力は横づな級だということです。すごいことです。もし、あなたをいじめている人が、あなたと立場が入れかわったら、1週間で自殺してしまうかもしれません。

ありがとう、フォルカーせんせい

パトリシア・ポラッコ 作・絵
香咲弥須子《かさきやすこ》 訳

岩崎書店
2001年12月
1400円＋税

〈あらすじ〉

トリシャには、文字も数字もグラグラしたレンガの山のように感じられる。クラスの子たちはあんなにスラスラ読めるのに、どうしてなんだろう……。

ママの仕事で引っ越した転校先でもいじめられてしまうが、5年生のとき担任になったフォルカー先生はトリシャの絵の才能を見出し、みんなの前でほめてくれる。そして放課後、字を読む特訓が始まった。

自信をつけてあげることが、たいせつなはじめの一歩

文字や数字を読むことが難《むずか》しいトリシャは、自分を「ダメな子でだいきらい」と思っていました。かわいがってくれたおじいちゃんも、やさしかったおばあちゃんも、もういません。

教室の中で、たった一人だけ文字を理解できない孤独《こどく》感、そして恐怖《きょうふ》感はどれほどのものか、想像すらつかないほどです。なのにトリシャは、先生やほかの子が読み上げているのを聞いて暗記したりすることで補《おぎな》っていたのです。けなげなこの女の子を、エリックだけはしつようにいじめます。ひどいことばを投げかけ、昼休みも追いまわします。

エリックはどうしてトリシャをいじめたのでしょうか？　みんなが大好きなフォルカー先生を独り占めしているように思えたから？

この物語に答えは出てきませんが、みんなと同じことができるようになるまで、みんなより少し時間と工夫が必要な子がいる、ということをみんながわかれば、もっと学校は楽しいところになるでしょう。

フォルカー先生はトリシャの絵のうまさを見て、たくさんほめてくれました。そして、文字が読めないことに気がつくと、それまでのがんばりにも気がついてくれて、トリシャが文字を学ぶ方法を、一緒に一生懸命探してくれたのです。

難しいと思えることも、必ず乗り越えることができます。なぜなら、この本を書いたのが、おとなになったトリシャなのですから！

しらんぷり

梅田俊作《うめだしゅんさく》／佳子《よしこ》 作・絵

一九九七年度日本絵本賞大賞

ポプラ社
1997年6月
1500円＋税

しらんぷりいうのは、いじめに加わることやで

ドンチャンがいじめられていることを知っている屋台のおじさんにいわれた。「しらんぷりはあかん。心にともっとる灯がちっそうなってしまうがな」ドンチャンはヤラガセたち四人組にいじめられていました。でもぼくは見ないふりをしていました。口に出したら、今度はこっちがやばいからです。

ドンチャンは思いきって、みんなが見ている劇《げき》の中でヤラガセに組みつき、自分がやられたようにヤラガセのズボンを下ろしました。

劇の後の反省会でいじめについてクラスで話し合ったが、ぼくたちはなにもしませんでした。ドンチャンへのいじめは見えないところで続いていました。それから二週間後、ドンチャンは転校して行きました。

小学校の卒業式の日、ぼくは思いきっていすに立ち上がっていいました。「ぼくは勇気がなくて……友だちがいじめられてるのに、しらんぷりばかり……、してて……」

雪の校庭に飛び出すと、ヤラガセがぼくの靴を持っておいかけてきて、「俺もよ……」「じゃ、中学でな……」ときまり悪そうにぼくを見ていいました。ヤラガセも中学生たちにいじめられていたのです。

「おわり（ぼくにとっての、はじまり！）」

とこの本は終わっています。

墨《すみ》一色の大型絵本で、迫力《はくりょく》ある親しみやすい絵で描かれています。「くやしい。みじめ」と思いながら、何もいえずに「にこにこバッジ」になっていくぼくの顔が大きく一ページに描かれていたりします。そのため厚くて重い本になっていますが。

いじめっ子を断罪《だんざい》して終わるのではなく、その子も含めてやがて中学生になり青年になる子どもたちへ、温《あたた》かいまなざしが向けられて終わっていて心地よい一冊です。

Two Trains
~とぅーとれいんず~

魚住直子《うおずみなおこ》 作
あずみ虫《むし》 絵

学研教育出版
2007年5月
1200円+税

二〇〇八年度 小学館児童出版文化賞

〈あらすじ〉

『ばかじゃん!』

そうか、続いているのだ。だから、前にうまくいかなかったことは、新しい場所に行っても、やっぱりうまくいかないのか……。

恵理菜は転校生。小心者なのにプライドが高い。おとなしくないけど、社交的でもない。人のことが気になるけど、それほどうまく合わせられない。いやな性格だと自分を思っている。前の学校でも無視や意地悪をされた。今度も、恵理菜が話すたび、きのちゃんに「ばかじゃん」と言われる。

まだ まにあうよ。誤解や思い込みで大事な友だちなくしたくないよ

小学生も五、六年生になると、女子は女子だけのグループをつくり出します。グループに入らない子は「友だち」のいない子に思われます。〝仲の良い〟友だち同士で一日中過ごします。転校生の第一の試練《しれん》はグループに入れるか……なのです。

そのグループの中でさえ、いつ〝友だち〟ではなくなってしまうかも知れないのです。前の学校でいじめられていた子にとってはなおさらのことです。

恵理菜《えりな》は転校の自己紹介のとき、足がふるえるほど緊張《きんちょう》していまし

た。そのとき「がんばれ」といってくれたきのちゃん、明るく親切で友だちになれてよかったと思っていたのに。恵理菜が話すたび「ばかじゃん!」というのです。きのちゃんは、始めはやさしくても、慣れてくると、意地悪するタイプなんだろうか……。恵理菜は不安になります。似たようなことが前の学校であったからです。

前の学校の子とお祭りの日に出会って、お互《たが》いの誤解《ごかい》だったことがわかりました。でも、遅すぎました。恵理菜はきのちゃんにきちんと話すことを決意します。話していくうちに誤解や思い込みがとけていきます。

「今度は間に合って、本当によかった」

恵理菜は大事な友だちを失わずに済みました。ちょっとした行きちがいや誤解がもとで、友だちを失ったことがみなさんも何度か経験《けいけん》していることでしょう。小さなプライドを捨てて、相手に自分の思いをぶつけてみる、それは難《むずか》しくて勇気のいることだけど、とても大切なことだと、この本は教えてくれます。

全五作の短編集《たんぺんしゅう》。女の子たちの学校や日常をリアルに描いた秀作です。

お祭りの日、前の学校でわたしをいじめたかおりに偶然出会った。恵理菜は思い切っていじめた理由を聞いた。意外な答えが返ってきた。すべてが誤解だった。「おそすぎたよね。」でも、きのちゃんにはまだ間に合う。

「ばかじゃん!」きのちゃんが突然いった。え? 恵理菜は、どきりとした。どうして「ばかじゃん」なのだろう? みんなと同じような話をしたのに……。

だんご鳥

飯田朋子《いいだともこ》 作
長野《ながの》ともこ 絵

新日本出版社
2007年2月
1500円＋税

〈あらすじ〉

小学校六年生の翔のおねいちゃんがあすなろ学園の高等部を卒業して、家の仕事のラーメン屋来る来る亭の仕事をすることになった。おねいちゃんの仕事はあいさつとお客さんへお水を出すこと。

ある日、翔と同じ組の宮田君たちがお店に来た。宮田君たちは中学受験の塾通い。ストレスがたまっているのか、二人はお店でおねいちゃんをからかい続けた。「クルクルパー亭さーん、ねーちゃんインコ」。おねいちゃんが「いらっしゃいませ、まいどありがとうございます」というのとお店の名前をからかっているんだ。

わが家の家訓「その子の個性、持ち味をいかす」

翔《しょう》のおねいちゃんは、はっきりいってみんなとちがう。計算だってできないし、ひらがなは読めるけど漢字は家族の名前だけ、でも編み物が得意。いつもニコニコ笑っている。そんな姉さんが家のラーメン屋ではたらくことに。姉さんは失敗ばかり、でも大きな声で元気よく、誰にでもあいさつをします。

クラスの超優等生《ちょうゆうとうせい》の宮田君たちが塾通《じゅくがよ》いの途中お店に来て、食べながら姉さんを見てはクスクス笑っているのです。翌日から「よ、クルクルパー亭さぁーん、ねーちゃんインコ、かあちゃん、オニババ。」そういって、二人はうす笑いを浮かべて通り過ぎるのです。翔がひとりでいるとき、宮田と長谷部がつるんでいるときは、いつもそういわれ、翔は学校に行くのも嫌《いや》になってきました。

この物語の翔だけではなく、家族に障《しょう》がい者がいる子どもたちは、ストレスをため込んだ優等生やいじめグループのターゲットによくなります。障がいをいじめの材料にするなんて一番ひきょうなのに。翔の姉さんは胃カイヨウになるくらい気を遣《つか》ってお店を手伝っていました。それを「インコ」といってバカにする子。「優等生」の受験勉強のストレスのはけ口にするのです。少しでも高い学歴を求め有名私立中学進学のため、親からも塾からも尻をたたかれ、勉強、勉強。そうして子どもたちの心がゆがんでいきます。宮田君は翔から肩をつかまれ、大声で反撃《はんげき》されてこそこそ逃げて行ったけれど。エリート校に進学した宮田君の十年後二十年後が心配です。過酷《かこく》な競争《きょうそう》が彼の行く手にあると思うと。競争のあるところには必ずいじめや差別《さべつ》があるのです。「その子の個性・持ち味がいかせる」社会。この「こころの貧《まず》しい」日本という国がいつかそんな国になれることを願っています。

翔が中学生になったある日、耳元で誰かがささやいた。「インコ・ゲンキカ」有名中学に通う宮田だ。翔は宮田の肩をつかんで大声でいった。

――「その子の個性、持ち味をいかす」母さんは、ぼくが小さい時からおねいちゃんを見て、『わが家の家訓その一よ』なんて、よく言ってたっけ」――

穴／顔をなくした少年

ルイス・サッカー 著
幸田《こうだ》敦子《あつこ》 訳

講談社
1999年10月
1600円＋税

ついてないいじめられっ子が自ら行動することで変わろうとする物語

全米三五〇万部の大ベストセラー『穴』をはじめ、ルイス・サッカーの物語が子どもからおとなまで広く支持される理由は、わくわくしながら読み進めてしまうその圧倒的ストーリー構築力にあります。この二作の主人公はいずれもぱっとしない、運の悪さにあきらめがちないじめられっ子。『穴』が無実の罪で送りこまれた干上がった湖の中学生の更生キャンプと、一〇〇年以上前の複数のエピソードを絶妙にクロスさせた非日常の冒険譚であるのに対し、後者が小学生の日常生活という舞台設定ながら、どちらも少年少女目線の悩みや興味を活き活きと描きつつ、

〈あらすじ〉※すべてルイス・サッカー著。
『穴』無実の罪で更生施設送りとなった少年スタンリー。少年たちは人格形成のため毎日大きな穴を掘らされる。だが恐ろしい女所長の本当の目的は別にあるらしい……。
全米図書賞、ニューベリー賞他受賞／ディズニー映画化
『顔をなくした少年』（松井光代訳・新風舎・二〇〇五年）
デーヴィッドは不良仲間とともに魔女と噂されるおばあさんの杖を盗む手伝いをして、彼だけ呪いをかけられる。その後彼の身にはついてないことが連続。これは魔女の呪いで彼は顔を剥がされてしまうのか……。

最後には自身で行動を起こし大逆転するという点で、読後感がとても爽やかで勇気がもらえる物語になっています。

両作品とも主人公は「呪い」に苦しめられます。『穴』のスタンリーは、空から臭《くさ》いスニーカーが飛んできて無実の罪を着せられますが、「あんぽんたんのへっぽこりんの豚泥棒のひいひいじいさん」の失敗以来五代にわたって受け継いできた呪いに責任転嫁するし、『顔をなくした少年』のデーヴィッドも「クールだ」といわれたくて不良仲間と老婆の杖盗みに加わり、彼だけ呪いをかけられた結果、不運続きに。

「呪い」とは学校社会や共同体無意識の、もしくは同質化しようとしない個性を葬り去ろうとする悪意の表れであり、「いじめ」と背中合わせの社会心理といえるでしょう。それは、いじめられる側だけが持つ繊細さや罪悪感が感じさせる個人の心の内の表現でもあります。

そんな主人公たちが、悩みつつも信頼する仲間や憧れの女の子、家族の後押しを得て、自分の心に従い勇気を奮って行動することで呪いをねじ伏せてゆく流れは読者に説教臭さを感じさせる暇を与えません。

『トイレまちがえちゃった!』（講談社・一九九八年）
クラスメートに嫌われる前に自分から嫌われ者になろうとする主人公の物語。

※品切れ

「穴に落ちっぱなしだったんなら、こんどは上がるばっかりだ」二人は、こぶしを握って親指を立て、〈やるぞ〉の合図を送り合うと、山をめざして出発した。（『穴』より）

教室
—6年1組がこわれた日—

斉藤栄美《さいとうえみ》 作
武田美穂《たけだみほ》 絵

ポプラ社
2006年5月
570円＋税

自分のものさしを獲得《かくとく》すること ——それがおとなになること——

はるひは先生から特別扱《とくべつあつか》いされているみたい。ちょっとしたことでヒスを起こす先生から。花びん事件以来、仲のよかったきょんちゃんたちがはるひをいじめ始めました。上履《うわば》きがなくなり、次々とはるひの持ち物がなくなり、クラス全員がはるひを無視したり、きょんちゃんたちのいじめはエスカレートしていくけれど、美月には止められません。先生は気づかないみたい。わかっていないのは先生だけでした。

「ほんとうにいないんだね？　吉岡さんをトイレに閉じ込めたのは」

教室に先生の鋭《するど》い声が響《ひび》きます。「やった者、立ちなさい！」

〈あらすじ〉

美月は小学六年生。五年生のときの先生はクラス全員が先生のこと大好きだった。みんなのあこがれだった。でも六年生の担任はふつうのおばさん先生だった。二学期の始業式の日、はるひの提案で先生に誕生日プレゼントを渡すことに。美月は気が進まなかった。目立つことはしたくなかったから。それに先生があまり好きになれなかったから。

はるひが美月のお母さんにもらった花を教壇に飾ったときも先生ははるひをほめた。そしたら、先生にほめられたくて翌日には四つも花びんが並んだ。先生は学級通信で批判した。花を買ってきた阿部さんは翌日欠席。

先生の顔に驚《おどろ》きの表情が……立った中に美月もいたからです。いちばんの友だちだったはずの美月が……。美月には、はるひのいじめが始まったとき、心配だったけど、ちょっぴりいい気味と感じる心があったのです。はるひだけがひいきされていて、先生はあたしたちの気持ちをわかってくれないからきょんちゃんたちの仲間に入ったけど、本当ははるひが大好きだと、美月は学級会で初めて心のうちをみんなに明かしたのでした。

そのとき、加古君が発言しました。「みんな、『先生、先生が』って、先生の目ばっか気にして子どもっぽくねっ。人の見方っていろいろだけど『ほんとうのこと』ってかならずあるはずなんだ」自分の頭で考える「自分のものさし」を持つことが必要だと話します。みんなが本当の気持ちを話したことで、教室は久しぶりになごやかになるのですが、それは先生抜きの学級会だからでした。

読んだ後、心配になりました。このクラスと先生の関係はどうなるのでしょう。先生も変われるのでしょうか。子どもたちの成長に寄り添っていける先生になれますよう、祈るような気持ちでいます。

きょんちゃん、阿部さん、愛ちゃんたちのはるひへのいじめが始まった。それは教室中に広がっていった。

はっきり意見がいえる。心のままに行動できる。自分にないもの、いっぱいもってるはるひが、まぶしくて——うらやましくて——。

（あたし、にくらしかったんだ！）

ぼくらが作った「いじめ」の映画

「いじめ」を演じて知った本当の友情

今関信子《いまぜきのぶこ》 文
尾木直樹《おぎなおき》 解説

佼成出版社
2007年11月
1500円＋税

映画つくりをとおしていじめを考える

「この映画を見た人はいじめをしなくなると思います。いじめている人は楽しくないし、いじめられている人は悲しくなります。私《わたし》はこれからたくさん友だちを作って、なかよくしていきたいです。いじめをしないちきゅうができるといいです。」

群馬県大胡《おおご》小学校の映画クラブの六年生が、いじめをテーマに映画をつくりました。この本はその過程を、子どもたちの映画つくりに密着して描いたものです。台本も自分たちで考え、主役を演じるのも仲良しの二人です。

二人の間でいじめが始まるというお話で、撮影が始まります。ところが、いじめがエスカレートしていくうち、自分たちが息苦しくなっていきます。役の上とはいえ、いじめをつづけて、「死ね」とはいえなくなります。

どうしたらいじめをやめられるのか、みんなで真剣に考えます。

「問題《もんだい》を解決《かいけつ》するのは、自分たちの力だけじゃないですよ。大胡《おおご》小学校には、五百五十六人の子どもたちがいる。先生たちだっている。見てもらったら、なにか気がつくことがあるかもしれない。」

いじめられている主人公をどうしたらいいのか、シナリオが進められずにいたときの、校長先生のアドバイスです。

そうして一年かかってようやく映画は完成しました。

いじめについてみんなが、映画つくりをとおして、考えた一年でした。シナリオを練ることで、相手の立場に立って考えることもできるようになりました。

映画クラブのメンバーは、完成した映画を残して晴れやかに卒業していきました。


この映画『本当の友達《ともだち》』の複写をご希望のかたは、録画用のＤＶＤと返信用の二四〇円切手を同封し、郵便番号三七一‐〇二三一　前橋市堀越町一一六一番地　大胡小学校『本当の友達《ともだち》』担当者あてにお送りください。

ひみつ

福田隆浩《ふくだたかひろ》

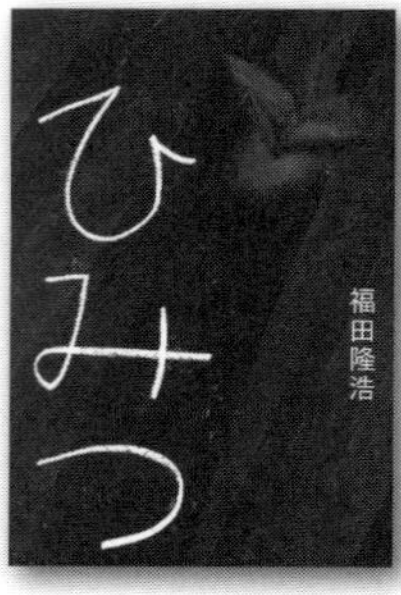

講談社
2011年11月
1300円＋税

おかしい。これって絶対おかしい。——みんなが「いじめ」をひみつにしている——

大ケガをして入院している東川さんにお見舞《みま》いをしようと学年集会があって、子どもたちが自主的に会を進行し、話し合いを進めます。とても良い子たちの集会です。最後に校長先生が、「もう今回のような事故は絶対に起こさないようにしてください」と発言したとき、明里《あかり》は「事故じゃない、自分で飛びおりたのです」といいました。明里はおかしいと思ったことを自分の目で確かめ、考えてみていたのです。

校長先生は「君は彼女がいじめにあっていたといいたいのかね」と言い、担任からは「いじめがあったなんて論外です。アンケートにもな

〈あらすじ〉
わたし——岡崎明里——もうすぐ十一歳になる小学五年生。山あいの町の小学校から二学期にN市の中心にある中央小学校に転校してきた（転校した理由は、今はいえない）。新しい学校は広々として、どこもきれいでどの教室にもテレビや電子黒板がある。明里は初めて学校に行った日、広い図書館でひとりの女の子に会った。東川さんだった。転校一日目は無事に過ぎた。クラスのみんなは明るくて親切。明里は満たされた気持ちだった。そういえば、東川さんが学校に来ていない。東川さんは公園の高台から落ちて大ケガをして入院、意識がもどらないそうだ。学年集会

かったのに」と明里につめよります。明里は「いじめ」の証拠《しょうこ》をさがします。こんなばかばかしいこと終わりにさせたいと。なぜかというと、前の学校で明里自身が香奈をいじめていたからなのでした。

中央小も道徳や学活の研究指定校なのでしょう。（私の子どもが小学校でいじめにあったときも担任から「本校は人権教育の指定校ですからいじめはありません」と否定されました）

明里は真剣に考えてくれない先生たちや明里へのいやがらせをエスカレートさせる生徒たちにめげずに勇気を出して証拠をつかみます。なぜ東川さんが自殺を考えたのかを……。

学年集会で明里は「証拠があります。いじめられたという証拠があるんです」と話します。香奈をいじめていた明里だからわかる証拠です。みんなはどうして、自分たちのまちがいを認めず自分たちの秘密《ひみつ》ばかり守ろうとするのでしょうか。入院中の東川さんにおくられるはずの千羽鶴《せんばづる》には「ひみつ」がかくされていたのでした。

最終章の「新しい朝」だけでもぜひ読んでください。あなたの胸にきっと何かが響《ひび》くはずです。

で明里は「事故じゃない」と発言。その日から、明里へのいやがらせが始まった。

ここで、彼女はほんとうに足を滑らせたのだろうか。
——そうしたら全部リセットできるじゃない。
それって、けっこうすごくない？——

いじめっ子

ジュディ・ブルーム 作
長田敏子《ながたとしこ》 訳

偕成社
1998年5月
700円＋税

良くも悪くも状況はいつまでも同じではない

ジルは小学五年生で痩せぎすの女の子。観察眼にすぐれ聡明《そうめい》でありながら、永久歯に生え変わる前の歯が気になるなど少し不安定なようすです。中国系アメリカ人の親友トレイシーが一部の心ない人に浴びせられた差別発言に憤慨《ふんがい》するその一方、ひょんなことでいじめの標的になった級友リンダに対しては、考えなしにえげつない仕打ちを募《つの》らせます。

同じものごとに対し、相反《あいはん》する行動をとるのはジルだけではありません。このお話の登場人物は、みんなどこか、おとなも子どももちぐはぐなようです。――生徒に全く無関心の先生、年一度のハロウィン祭に子

〈あらすじ〉
アメリカの小学五年生に進級したばかりの主人公ジルは、親友のトレイシーとクラスがはなればなれに。おまけに、あまり好きではない新しい担任のミニッシュ先生は退屈そのもので、教室のみんなももてあまし気味。そんなある日の授業中「クラスで一番太っちょ」の女子リンダをターゲットにしたいじめが始まる。首謀者は成績優秀でボス格のウィンディ。長いものに巻かれるようになかまに加わったジルだが、ある事件をきっかけに、こんどは反対にジル自身が、ウィンディの首謀するいじめの対象に。いじめられっ子リンダもいじめっ子側のなかまに加わりくやしい思

どもにいじわるをする偏屈《へんくつ》な老人。彼への〈制裁《せいさい》的いたずら〉をしたジルを叱りつつジルの〈勇気〉への称賛をどこか隠せない父親、禁煙に失敗する母親、意味なくジルをいらだたせる弟……。そうして一貫性に欠け、行動が矛盾《むじゅん》するこの人たちの態度が進めるお話の後半になって、ジルは、いじめられっ子リンダの逆襲《ぎゃくしゅう》でいじめられる側に転落し、はたと立ち止まらされます。

読み手があっと息をのむ急転直下のこの展開。状況しだいで、あっという間に被害者、加害者の立場が逆転することをさらりと描いている点に、この作品の凄《すご》みがあります。個人性を重んじるアメリカだからでしょうか？　裏を返せば、これは「状況はいつまでも同じではない」とものごとの平等性をしめすものかも知れず、いじめに対する、ある一つの希望のスタンスを見た気すらしました。

「結末は読者にゆだねたい」と作者が示すように、結論めいたことは一つもなく、ヒリヒリするような人の機微《きび》を描きだすことで、鈍く眠る人間の暗い感情をさりげなく読者に気づかせてくれる秀作です。

いをするのだが、そこで初めて静かに自分と人との距離を見つめ始める。

七四年に出版されたこの作品は、アメリカの女性児童文学者ジュディ・ブルームの代表作の一つで原題は『ブラバー（BLUBBER）』、いじめられっ子リンダが蔑称としてつけられたくじらの皮下脂肪を意味することばです。

なつかしいサンドマイヤーおばさん。わたしには特別な問題があるのです。（中略）わたしを好いてくれる人が、あまりいなくなったのです。しかも理由もないのにです。Tu m, as beaucoup manqué.（あなたがいなくてさびしい。）

転校生レンカ

B・ジェレーズニコフ 作
松谷《まつたに》さやか・中込光子《なかごめみつこ》 共訳
H・ツェイトリン 絵

福音館書店
1992年6月
1700円＋税

※現在品切れとなっています。

〈あらすじ〉
レンカは六年生、退役軍人のおじいちゃんの住む町に引っ越してきます。新しい学校で、さっそく「かかし」というあだ名をつけられてクラスのみんなにからかわれてしまいます。それを助けてくれたのが、ジームカでした。レンカはいっぺんでジームカのことが好きになってしまいます。受け持ちのマルガリータ先生はもうすぐ結婚するので、うきうきしていて、クラスのことにあまり気がまわりません。
その日、「秋休みに全校でモスクワ旅行に行

人として目覚める

ジームカの提案《ていあん》で、旅行の費用《ひよう》をみんなでアルバイトをして稼《かせ》ぐことが決まりました。やりたくない人もいて、仲たがいが始まったのです。レンカに対するいじめも始まりました。でもジームカは勇敢《ゆうかん》にいつもレンカを助けてくれました。そのうえ、「一生仲良くしてくれる」と誓《ちか》ったのです。レンカは有頂天《うちょうてん》でした。

明日はモスクワ旅行という日の最後の授業、「物理の授業は国語に変更する」というマルガリータ先生の字が黒板に書いてありました。その字を消して、みんなは映画に行ってしまいます。

ジームカがみんなのはたらいたお金の入った貯金箱を教室に取りに

行って、先生と出くわしてしまいます。先生はみんなの行為に腹を立て、ジームカはすっかり白状《はくじょう》してしまいます。それをレンカが聞いてしまうのです。

モスクワ旅行は中止になります。「故意《こい》に授業を、放棄《ほうき》したことで」。

黒板の連絡事項を消したことを誰かが先生に告げ口したのだ！

そこから犯人探しが始まりました。みんなは裏切《うらぎ》り者を探すことに夢中になったのです。

でもジームカは蒼白《そうはく》になりながらも、本当のことを話そうとしません。耐え切れずレンカは「自分がやった」といってしまうのです。みんなのいじめにあったらジームカが名乗り出てくれると思ったのです。でも彼は黙《だま》っていました。そればかりか、みんなと一緒になって、レンカをいじめ始めたのです。始めはおどおどと、やがて堂々と。レンカへのいじめがエスカレートしても、最後まで彼は名乗り出ません。

レンカが町を出ていく決心をしたのはそのためでした。

作者はベラルーシ共和国（旧ソ連邦）に一九二五年に生まれました。この作品は旧ソ連邦やイタリア、ポーランドなどで数々の賞を受けています。一九八四年には映画化され、教育現場やいじめのひどさに親たちはびっくりしたといいます。日本でも一九九〇年に公開されています。

くことになりました」と聞いて、子どもたちは大喜び。でもそこから事件が始まったのです。

あだ名はシャンツァイ

—ぼくの初恋の女の子—

上條《かみじょう》さなえ 作
戸田《とだ》ノブコ 絵

ポプラ社
2004年12月
1000円＋税

「どーでもいいじゃん」なぼくたちでいいのかなあ……

「青木愛さんは、お父さんが日本人でお母さんが中国人です。中国から日本にこしてきました」と、先生がいいました。ギョーザ店『シャンツァイ』の子、愛はなんにでも前向きで、授業のときもはっきりと自分の考えを発表します。他のみんなは「どーでもいいじゃん、学校の勉強なんて、目立ちたくないし」と手も挙《あ》げません。保健室の先生は長欠の太郎を家から保健室まで連れてきてくれた愛のことを、「日本のこどもとちがう。目がいきいきしていて、あんなにこどもらしいこどもをひさしぶりにみた」と話しています。

〈あらすじ〉

ぼくは友だちの太郎を守れなかった。太郎はみんなからシカトされて学校に行けなくなった。どんなことにも前向きだった太郎は、「どーでもいいじゃん」と思っているみんなからすればウザいんだ。いじめはゲームだし。中国から転校してきた愛はなんにでも一生懸命だ。思ったことははっきりいう。クラスのみんなからすればダサいしウザい。ギョーザ屋の娘の愛に、臭い中国野菜のシャンツァイというあだ名をつけて、千晶たちはいじめ始めた。合唱コンクールの曲目決めでも。ぼくは愛を応援した。愛を独りぼっちにさせたくなかったからだ。担任の先生も一生懸命考え

いつの間にか、日本の子どもたちがいきいきとした子どもらしさを失ってしまいました。集団で誰かをムシしたり、いやがらせしたり、まわりに自分を合わせて目立たないように〝生きる〟子どもたち。

愛は積極的《せっきょくてき》だった太郎と同じようにいじめのターゲットに……。その時「どーでもいいじゃん」組だったはずの勇気は愛を守る決断をします。「愛を一人ぼっちにさせたくない。ちがうよ、愛のこと好きだから守りたかった」あとがきにあるように、好きになるということは、相手のことを考え、相手を大事にしたいと思うことです。「どーでもいいじゃん」ではいられません。誰もが相手を大切にできればいじめはなくなります。でも現実の社会は弱肉強食《じゃくにくきょうしょく》、心の優しい人は担任の鈴木先生のように、自分の生き方に自信を失って、心を病《や》んでしまいます。

子どもも親も小学生から受験、受験。他人をけとばし、残り少ないイスをとろうと懸命《けんめい》になり、人として大事なものを置いてけぼりにしてしまっているように思います。わかりやすい語り口で、本当に大切なことは何かを、この作品は教えてくれるはずです。

ていたようだけど「つかれちゃったの」、そういって学校を去って行ってしまった……。

好きな人を、ぼくは守りたかった。うらぎりたくなかったんだ。愛のことだけは、「どーでもいいじゃん」っておもえなかった。ぼくはクラスのともだちを敵にまわすかもしれないけど、それでもいい。

ノーラ、12歳の秋

アニカ・トール 作
菱木晃子《ひしきあきこ》 訳
高橋和枝《たかはしかずえ》 絵

小峰書店
2002年9月
1500円＋税

本当の友だちとは

スウェーデンのストックホルムでは夏休み後に新学期が始まります。

ノーラは小学六年生、幼なじみで親友のサビーナが急に冷たくなったことに心穏《おだ》やかではいられません。サビーナはクラスの女王的な存在のファニーと親しくなり、ノーラを無視《むし》するようになったのです。おまけにみんなから「ださい」と嫌《きら》われているカーリンが近づいてきます。まじめなカーリンは、胸が大きいことをみんなにバカにされています。

ある日、ノーラはサビーナのウォークマンを隠《かく》したのをカーリンに見られてしまいます。ファニーのせいにするつもりだったのです。そのためにカーリンはノーラの罪をかぶって、パーティーの罰《ばつ》ゲームの中で、

※現在休版中となっています。

大きな胸を見せることを強要《きょうよう》されます。そのパーティーにカーリンを呼び出したのはノーラなのです。でも最後までカーリンはノーラのことをかばい続けました。まるで殺されそうに悲鳴《ひめい》をあげるカーリンを目の前にして、ノーラは何もできませんでした。カーリンは転校することになりました。それを聞いてノーラはカーリンの家に走ります。

口の中はからから、頭は真っ白です。いおうと思っていたことをすべて忘れました。そのときドアが少しだけ開いたのです。

さあ、ノーラはなんというのでしょうか？　カーリンは許してくれるでしょうか？　物語はここで終わっていますが、本当はここから始まります。

些細《ささい》な行き違《ちが》いから始まったことが、やがてひとりの少女を傷つけてしまったこと、でも気がついてなんとかしなければと走り出すノーラに、思わず声援《せいえん》を送ってしまいます。十二歳、なんと輝《かがや》かしい季節でしょう。まちがったら、やり直す時間はたっぷりとあります。少女たちの一人ひとりに作者のやさしい目が注がれて、その年一番面白かった子どもの本に選ばれています。

小さくても私は強くて、自分よりも大きな子をこわいと思ったことはなかった。でもあのとき、目の前で起きたことにたいしては、私はカーリンと同じように、どうすることもできなかった

空に続く道

倉橋燿子《くらはしようこ》 作
小栗麗加《おぐりれいか》 絵

ポプラ社
2000年1月
1000円＋税

おとうさん、娘の気持ち、知ってる？

杏はおとうさんの期待に応えたくて、カンニングをしたり、クラス委員の選挙で笑子に勝つために、クラスメイトの女の子たちにごちそうしたりしてしまいました。親友だと思っていた笑子にはうらぎられ、クラスでいじめられてしまいます。

こころがささくれてしまった杏は、他人をうらやんだり、しかえしに悪いことをして、自分がいやになっていきますが、自分ばかりが苦しいと思っていたら、お母さんと暮らしていて幸せなはずの弟の哲平も、勉強ができるいとこのひかりも、それぞれ苦しんでいたのでした。三人は家出をし、探しにきた親たちの前で気持ちを爆発させます。やっとおと

〈あらすじ〉

杏はマラソンが得意な小学六年生。大好きな空港までの道を毎日走りこんでいて、仲良しの笑子とは、マラソン大会でのワンツーフィニッシュを約束しています。

しかし転校生の美加がやってきて、笑子の態度が変わり、クラスメイトから信じられない話を聞きます。

杏の両親は離婚して、小学校の先生でもあるおとうさんと二人で暮らしていますが、おとうさんの重圧からカンニングをしてしまいます。

うさんとおかあさんに本音をぶつけることができて、そこから大きく変わっていく子どもたち。

子どもは親が思っているより、ずっと何でもわかっていて、いろんな思いにもみくちゃになりながら生きています。子どもなりに親のことを考えて、がまんしたり、よろこばせようと自分をおさえこんでがんばったりしているのです。

杏はどんなに苦しくても、走り続けること、夢を持ち続けることに支えられて乗り越えていきます。杏は自分に「大好きな空に向かって走ること」があって、ほんとうによかったと思っています。

夢は人を支えます。子どももおとなもそうではないでしょうか。子どものことを思ってやることが、裏目にでてしまうことはよくあることだと思いますが、夢をつぶす親にはなってほしくないなと思います。

不思議だった。だってきらわれたくないいって、好かれたいって、あんなに願って自分をかざりたてていたときは、なにをやっても反感ばかりかえってきたのに、自分がえいっとはだかになると、みんながこうしてよってきてくれる。

心が元気になる本3

学校に行くのがつらいとき

大河原美以《おおかわらみい》 監修

伊東ぢゅん子 絵

つらいのに、平気なふりをしないで

いじめられているひとみは、「いじめにあうのは、わたしにわるいところがあるからかなぁ?」と考えてしまいますが、スクールカウンセラーの山田先生は「いやなことをされたら、『いやだ。やめて!』っていう権利があるの。」と話します。

そしていじめているたかこは「あいつ見てると、ムシャクシャするんだよね。」といいますが、それは家でお母さんにしかられるからです。

知人から聞いたところによると、現実に現在、スクールカウンセラーのところへは子どもたちの行列ができているそうです。本来なら、子どもの心に一番寄り添って話を聞いてあげられるのは、まず親であるべきです。ぜひ親御さんたちにこの本を参考にしてほしいと思います。

あかね書房
2008年3月
3000円+税

中学生

学校生活の中で考える

いじめの直し方

内藤朝雄《ないとうあさお》
荻上《おぎうえ》チキ

朝日新聞出版
2010年3月
1000円＋税

「いじめを見つけたら、大人や警察に連絡しよう」「いじめの記録のつけ方と要求リスト」の記録例とあるのもわかりますが、そうなる前に何とかくいとめなければいけないと思う。（20代・大学生・男性）

いじめの起きやすい環境と起きにくい環境

いじめの直《なお》し方の「直し」について最初に説明しています。「治《なお》す」という漢字は、人に問題があるときに使い、「直す」という漢字は、しくみに問題があるときに使う、と説明しています。

今日起きているさまざまないじめの実態《じったい》を分析《ぶんせき》したうえで「いじめの直し方」を提案《ていあん》してくれています。

一章では「いじめの作られ方」を説明しています。学校はいじめの起きやすい場所であることをまず取り上げ、「ほかの場所にくらべても、はるかにいじめが起こりやすい場所である」とし、学校という空間には、いじめをしたくなる、いじめを招《まね》いてしまいがちなしかけがたくさん埋め込まれていることを、例をあげて説明しています。

「学校という空間には不思議《ふしぎ》な力がある」「排除《はいじょ》としてのいじめって、こんな感じのこと」「飼育としてのいじめってこんな感じのこと」「表情罪」「悪いノリは、人から人へと感染《かんせん》してしまう」など、あれれ、と思われる見出しが工夫されています。

二章の「いじめの見つけ方」の、「暴力系《ぼうりょくけい》のいじめ」では、殴《なぐ》ったり、押し倒したり、服を脱がせようとしたり。「コミュニケーション操《そう》作系《さけい》のいじめ」では、シカトしたり、嫌《いや》なあだ名をつけたり、デマを流したり、と絵図《えず》を使って説明し、その対処法《たいしょほう》も、具体的《ぐたいてき》に説明しています。

三章の「いじめの直し方」では、「いじめって、本当は楽しくなんかない」「そんなことより、本当に楽しいことをしようよ」の見出しにもあるように、現実的《げんじつてき》な対応《たいおう》も教えてくれています。「いじめの記録《きろく》のつけ方と要求《ようきゅう》のリスト」の記録例・記録シート例は、いじめ問題もここまできたかの感はありますが、著者の「あとがき」にもあるように、「いじめの起きにくい環境を作るために。いじめの起きにくい社会を作るために。この世界が、君にとって居心地《いごこち》のいい場所になるために」には、必要になってきているのかも知れません。

「リベンジする」とあいつは言った

朝比奈蓉子《あさひなようこ》　作
スカイエマ　絵

人は憎むより、友だちになったほうが、だんぜんいい

江本のぼくへの要求はだんだんエスカレートしてきます。時にはガマンの限界を超《こ》えそうなときも。毎日の犬の散歩まで。

夏のある日、江本は自宅のトイレのカギがこわれて閉じ込められてしまいます。その脱出を助けると、江本はぼくに「ありがとう」と初めて礼をいいました。

ぼくは江本のことをいやみな奴、わがままな奴と思っていましたが、一緒に過ごしているうちにわかってきます。江本は、両親が離婚《りこん》し家族がバラバラになり、ひとりっきりで家にいたのです。そして転校したば

ポプラ社
2011年10月
1300円＋税

〈あらすじ〉

ぼくたちは転校生の江本のめがねを悪ふざけして割った。そのせいで江本はケガをして入院した。クラス中が口裏合わせて、本当のことをいわなかった。きっかけをつくったぼくはどうしても病院に行ってあやまりたかった。「沢田君、ぼくがこのまま泣き寝入りすると思う？　かならずリベンジするよ」江本がいった。ぼくはゾクッと背中に寒気が走った。

それから、江本は毎日のようにぼくにものを頼んだ。奇妙な関係が始まった。それと同時に、今まで何もわからなかった江本のことが少しずつわかってきた。江本がいつも「一人

かりの学校、そんなつらい境遇《きょうぐう》の江本に追い討ちをかけたのがぼく（沢田）たちのいじめだったのです。

面白半分のウサ晴らしがとんでもない事件になってしまいました。クラスみんなの「協力」で先生はごまかせたけど、ぼくの心は疼《うず》きます。どんなにみんなで口裏《くちうら》を合わせても、真実を一番知っているのは自分です。ひきょうだと思う自分がいます。苦しむ自分がいます。真実からは逃げ出せません。本当はすぐ、気づいたときにあやまれば仲直りできたはずです。沢田君も自分の過《あやま》ちに気づいているから、江本君の「わがまま」なリベンジに耐えました。そうすることによって、江本君の本当の姿が見えてきたのです。また、「友だちはつくらない主義」だった江本君も、友だちがいたほうがよいと沢田君を見ていて思うようになったのです。沢田君が誠実《せいじつ》な「友だち」だとわかったから。

二学期の始業式の日、江本君はみんなに自分の気持ちを話しました。何をいわれるかみんなが緊張《きんちょう》していきます。江本君はいいました。「ぼくはこのクラス全員をゆるします」「人は憎むより、友だちになったほうが、だんぜんいいってわかったからです」と。

「きみたちは、うまく先生をだましたつもりでも、ぼくはそんなことで、引きさがるつもりはないからね。必ずリベンジするよ」

のほうが気楽だ」と言うけど、本当はそうじゃないってことも。そして江本の抱える大きな悩みのことも……。

チェンジング

吉富多美《よしとみたみ》

金の星社
2008年8月
1400円＋税

ぼくもきっと自由を選ぶよ

運動会のクラスの旗決めから軍団たちの力が弱まり、優菜の発言がきっかけでクラスのことはみんなで考えて決めようという「はやぶさユニオン」がつくられました。いじめられっ子やクラスに居場所がない子、ユニオンに賛同《さんどう》した仲間が昼休み図書館に集まり、いじめ軍団からどうやってクラスの仲間を救うかを話し合うようになりました。

奴隷《どれい》のように誰かを恐《おそ》れて、誰かのいうままに生きているほうが楽かも知れません。自分で考えて自分で決めて、自分で責任を持つ。そんな大変なことが自由。でも大夢《タイム》たちは奴隷であることよりも自由を選んだのです。

〈あらすじ〉

学校でも家でも声を出さない大夢。休み時間はクラスのいじめっ子軍団から逃れて、トイレの中に逃げこむ。そこでイギリスの歴史物語『チェンジングワールド』を読む。大夢は主人公と自分を重ね、自分をなぐさめた。

あの日の放課後も亨を先頭にしつこく追いかけられ、目の前の家に飛び込んでかくれた。そこは料理教室の先生の香奈子の家だった。大夢はいじめられている自分のことや家のことを話した。料理を教わりながら、どんなものにも、人間にだってそれぞれの味があることを知る。

ある事件をきっかけに亨たちのいじめのほこ

とうとう亨《トオル》たちのいじめに勇人の怒りが爆発《ばくはつ》、争いになった時にずるがしこい亨は自分を被害者《ひがいしゃ》に仕立てあげ、先生たちも信じてしまったのです。学校が訴《うった》えられる？ と校長先生は亨や弁護士《べんごし》の話をうのみにして子どもたちに「自白」を迫《せま》るのです。

香奈子の父の和也は大夢の「祖父」として保護者会《ほごしゃかい》で話します。「学校が育ちの場所であり、学びの場であることを校長先生よりも子どもたちのほうがよく知っています。子どもたちは自分たちの手で教室と友だちを守ろうとしています」。そして〝力量不足〟の担任に「先生は子どもたちが安心して自分の味が出せるよう陰《かげ》になって見守ってくださる」と励《はげ》ましたのでした。子どもたちは気づきます。軍団の亨も奴隷のひとりでクラスの仲間だと。

子どもの本とは思えないほどの現在のいじめ社会への深い洞察《どうさつ》。「自由」を奪《うば》ういじめに、どう対処したら本当の解決に結びついていくかを教えてくれます。本当の民主主義と自由を実現する困難《こんなん》とその大切さも。

子どもたちだけでなく、おとなもぜひ読んでほしい一冊です。

先が軍団長だった太った勇人に変わった。
「ブタめ、くせえんだよ。むかつくぜ」
暴力がエスカレートしていく。

――ぼくは勇者だ。
走りながら森河大夢は想像する。
いつだって勇者は邪悪な軍団から追われる運命にあるのさ――

ジャンプ いじめリポート
1800通の心の叫び

土屋守《つちやまもる》 監修
週刊少年《しゅうかんしょうねん》ジャンプ編集部《へんしゅうぶ》 編

集英社
1995年10月
1200円（税込）

この本は図書館でしか読めないかも知れません。あえてこの本を取り上げたのは、少年ジャンプ編集部のインタビューが、子どもたちのホンネをみごとに引き出していて、貴重な資料になっていると思えたからです。

ホンネで語ったいじめの世界

一九九五年発行の本で提起してくれたいじめの実態《じったい》は、十八年後の今日、どのような変化が見られるのでしょう。残念ながらほとんど変わっていないように思えます。いじめられっ子、いじめっ子、傍観者《ぼうかんしゃ》たちが語る一八〇〇通のレポートから、学校も社会も、この間どれだけのことを学び生かしてきたのでしょうか。

第一章「ケーススタディ――いじめの現場から」は、いじめに関わった十一人からのインタビュー記事が収められています。いじめの構《こう》造《ぞう》を、被害者《ひがいしゃ》対加害者《かがいしゃ》対傍観者《ぼうかんしゃ》の三層構造からとらえ、それぞれの立場で関わった人たち十一人の証言集《しょうげんしゅう》になっています。

第二章「1800通の手紙から」は、いじめによって心の傷がどう深まったかを整理し、「謝《あやま》って済むほど簡単なものではない」ことを明らかにしています。「いじめられて」「いじめて」「いじめって、何?」のテーマに分けて二一〇人の手紙が掲載《けいさい》されています。これだけのいじめ世界が蔓延《まんえん》していたことを、大問題にしなければならなかったはずです。

第三章「元気やでっ!」は、原案・土屋守、脚本《きゃくほん》構成演出・次原隆二、漫画・山本純二の漫画で、いじめ問題を描いています。「今、学校で何が起こっているのか?」「いじめ事件は深く、静かに進行する」の題名からもわかるように、学校のようすがリアルに描かれています。特に学校・校長・教師の人間的貧弱さの表現は痛烈《つうれつ》ですが、今日のいじめ問題が起きたときの、教育委員会などの対応をテレビ報道《ほうどう》などで見せつけられてきていれば、さもありなんの心境《しんきょう》になってしまいます。

中学校教師二人の座談会「先生だって語りたい1」を読んでも、展望《てんぼう》は見えてきません。これだけのいじめ世界を紹介されると、ほんとうに気持ちが重くなるばかりです。しかし、これほどのたくさんの手紙・記録を被害者、加害者、傍観者の立場をはっきりさせて読み進めるなら、きっと心揺さぶられるものに出会うはずです。

週刊ジャンプ編集部のインタビューの力量は、実におみごとです。

優しい音

三輪裕子《みわひろこ》 作
せきね ゆき 絵

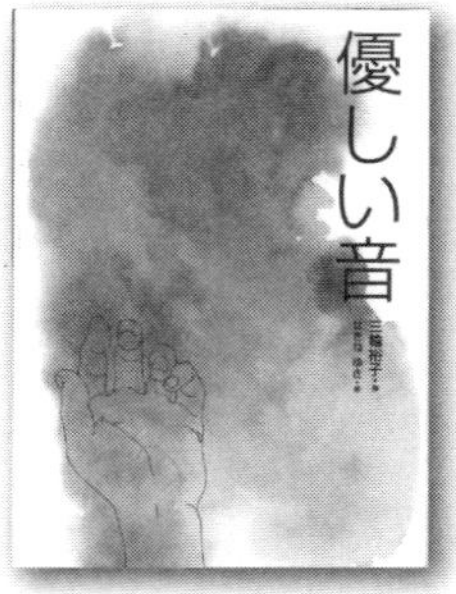

小峰書店
2009年12月
1500円＋税

〈あらすじ〉
長谷川家三人だけの連絡手段として使われていた千波の携帯に、突然「潮風」を名乗る人からメールが送られてきた。学校に忘れてきてしまった携帯がポストに入っていた。千波は思いがけず図書委員長になってしまった。内申で有利になりたいからって思われたらしい。千波へのシカトが始まり、グループから閉め出されていった。学校に行く朝になると、気持ちがずんと重たくなる。夜、優しいベルの音がする。「潮風」さんからのメールだ。なぜだか学校で独りぼっちでいることを知っている。いつのまにか、独りぼっちでいても、励ましてくれる人がいると

ひとりでも励ましてくれる人がいる　私には図書室という居場所がある

ある日、あることをきっかけにして、いつの間にか自分の知らないうちに「はずされ」てしまう。その日までの仲良しグループから無視《むし》され、自分がいないところで悪口をいわれる。それを知ってしまったら……。どんなに「強い子」であっても耐《た》え難《がた》いことだと思います。まして、千波《ちなみ》は目立つことが苦手で、本好きで控《ひか》えめな、成績だってふつうの子なのです。

それは、千波が図書委員に立候補《りっこうほ》し、たまたま図書委員長に推薦《すいせん》され、スポットライトを浴びてしまったことから始まりました。膝《ひざ》をガク

ガクさせながら全校集会で発表したことさえ、「生意気」だと陰口《かげぐち》をいわれます。千波が仲良しだと思っていたグループはスーパースターの澄香のグループでした。その主役を千波は「超えて」しまったからでした。学校に行く時間になると胃が痛くなる。でも千波は学校に行きます。それは携帯を拾ってくれた「潮風《しおかぜ》」君からの励《はげ》ましのメールがあるから。

親にも相談できず、独りぼっちで誰からの励ましもなかったら、「いじめ」や無視に耐えられないのはあたり前です。いじめにあえば孤独《こどく》にさいなまれます。でも誰だかわからないけど、いつも自分を見守ってくれる人がいて、図書委員として自分を発揮《はっき》できる居場所、図書室が千波にはあったのです。だから千波はいじめを乗り越えることができたのでしょう。いじめられている子を見守り励ます「潮風」にあなたもなりませんか。いじめは連鎖《れんさ》します。いつ自分に向けられるか心配して、いじめに加担《かたん》して一生苦しむよりも、いじめに気がついたら、「潮風」になって、いじめに苦しんでいるその子を見守ったり、さりげなく励ましてくれたら、とてもステキです。

思うと、ひとりで荒野にすっくと立っているような気持ちになってくるのだった。「潮風」さんはいったい誰なのだろう……。

潮風からのメールの時は、「リリリリリ……」という音が、ふだんより優しく聞こえた。

「学校でいつもいつも耐えているように見えるけど、だいじょうぶか？」と問いかけてくれるように、千波には思えた。

わたしの人権みんなの人権②

いじめ、暴力、虐待から自分を守る

坪井節子《つぼいせつこ》 編著
荒牧重人《あらまきしげひと》 監修

ポプラ社
2004年4月
2800円＋税

校則は子どもの人権侵害ではないか、と叫ばれた時代もあった。現在はどうなっているか、子どもに「生徒手帳」を読ませて点検させることも必要ではないだろうか。（50代・自営業・男性）

傷つけられても、その苦しみをかかえない

坪井さんは弁護士《べんごし》です。学校や家庭でつらい思いをしている子どもたち、犯罪《はんざい》を起《お》こしてしまった子どもたち、その親たちの相談を受けています。その活動のなかで、今の子どもたちに次の三つの気持ちを持ってほしいと訴《うった》えています。

1　生まれてよかった。ありのままの自分で、生きていていい。

2　自分の人生の主人公は自分だ。生き方は自分の責任《せきにん》で選び、自分に自信をもって、自分を大切にして生きたい、つまりプライドをもって生きたい。

3　ひとりぼっちでは生きられない。だれか一緒《いっしょ》に歩いてほしい。

「人権《じんけん》」ということばは、この三つを根っこにもっていると、「はじめに」で説明してくれています。

今日のいじめ問題を具体的に整理して、提案《ていあん》・解説《かいせつ》してくれています。挿絵《さしえ》をふんだんに使い、わかりやすい構成《こうせい》です。「学校生活のなかで」「家族とのあいだで」「仲間とのあいだで」「性のことで」「児童擁護《じどうようご》施設《しせつ》のなかで」の章になっていますが、特に「学校生活のなかで」は、いじめについて次のように呼びかけています。

・いじめは、どうしておきるのだろう。
・「苦しい」とうったえることが、希望の道をきりひらく。
・いじめをなくすには、いろいろな人の協力がいる。
・先生は、しかるとき子どもをぶってもいいの？
・「学校へ行かない」ことを選ぶ道もある。
・子どもが学び成長するために、最善《さいぜん》の選択《せんたく》をすることがたいせつ。
・校則は、なぜあるのだろう。

このようなことを考えなければならない現実《げんじつ》は悲しいことです。しかし、これらの問題の一つひとつを、真剣《しんけん》に考え、論議《ろんぎ》していってほしいと思います。

学校のトラブル解決シリーズ6

ネットいじめ

エスカレートしないために

ロビン・マッケカーン 作
上田勢子《うえだせいこ》 訳
桑田木綿子《くわたゆうこ》 絵

大月書店
2009年3月
2000円+税

〈あらすじ〉
メールや掲示板などのインターネット上での書き込み。楽しいやり取りのはずが、ある日悪口が書き込まれて……。これってもしかしたら、いじめ？「ネットいじめ」とは何でしょうか。マンガやイラストを多用しながら、実例やクイズをとおして「ネットいじめ」の原因や特徴、ネット上での陥りがちな問題や危険について知り、問題を解決するためにわたしたち自身にできることは何かを提示しています。

「ネットいじめ」を知る――わたしたちにできることを考えよう！

みんなもよく利用する、メールや掲示板《けいじばん》（ＢＢＳ）、インスタントメッセンジャーなどのコミュニケーションツール。みんなでいろいろなことを話すのは楽しいけれど、ときどき、ネット上の文章を見て、こんなことを書くのは良くないなあと思うことはありませんか？

たとえば、他人の悪口やうわさ話だったり、嫌いな子の投票をするような呼びかけだったり……。

最近では、さらに他人になりすましてひどいメールや書き込みをしたり、人の嫌がるような写真や動画を公開するなど、徐々にエスカレートしてきている現状があります。

本書は、インターネット上のコミュニケーションツールを用いて行われるいじめについて、「いじめられる人」「いじめる人」「いじめに気づいた人」の立場に分け、クイズ形式でそれぞれの特徴《とくちょう》などを紹介しています。

いじめ？　ネットでそんなことはしてないし、見たこともないと思っていても、本書を少し読んでみてください。もしかするとあなたも気づかないうちに相手をいやな気分にさせたり、怒らせてしまっていたかもしれません。

でも、あきらかにいじめを受けた、いじめをしてしまった、いじめに気づいたときはどうするか。わたしたちができることは、まず、じぶんひとりで悩まず、信頼できる人に相談することです。

ネット上のやりとりがおかしい、変だと思ったら、まずその直感を信じてみてください。そしてわたしたちにできることはいったいなんだろう――。本書にはそのためのヒントが詰まっています。


ふだんはいじめをしない人でも、オンラインでいじめをすることもある。同じようにふだんはいじめられていない人でも、ネットでいじめられることがあるんだ。

アリスのいじめ対策法

フィリス・R・ネイラー 作
佐々木光陽《ささきこうよう》 訳
メグ・ホソキ 絵

講談社
1998年5月
670円＋税

あたしの長所は「勇気がある」ということ

アメリカの中学校には、新入生に対する「公認」の通過儀礼《つうかぎれい》ともいうような〝新入生いじめ〟があるらしい。それも校歌を覚えさせる手段として。日本の公立中学では考えられません。もっとも何十年か前の日本の高校には校歌演習といって、応援団が竹刀《しない》を持って新入生を取り囲んで校歌を歌わせるといったことがあったのを思い出しました。正直怖くて新生活への夢も期待もなくなりました。

アリスは一歳年上の同学年（アメリカには落第があります!!）デニスに「歌え」と強要されます。歌えなければトイレに顔をつっこまれます。アリスは数々のいじめに耐えます。

※現在、品切れとなっております。

〈あらすじ〉
アリスは中学一年生。パパと兄のレスターと三人家族。新入生は伝統の「SGSD」という「いじめの儀式」、みんなの前で校歌を歌うという音痴のアリスにとっては最悪の行事が。うまくかわせたと思ったら、いじめグループのリーダーのデニスの怒りに油をそそいでしまった。「ロッカー事件」「タオル事件」と次々にデニスはアリスにいじめをしかけた。家族に相談するけれど、パパもレスターもそれぞれ深刻な悩みを抱えている。「悩み」はどうやら、アリス自身で解決しなければならないようだ。アリスには、ちょっと頼りにな

兄のレスターは、「デニスに一発かませろ」とアドバイスします。アメリカでは、基本的には「自分の身は自分で守る」ことが常識《じょうしき》です。アリスは「暴力」で仕返しをしたくありません。そうしても、デニスはアリスを永遠に恨《うら》み続けるからです。

アリスは親友たちや家族からのアドバイスを受けながらも、自分で考え、自分で決めて「相手のことを知り、相手を深く理解する」という方法を選びました。だから、国語の授業の「面接調査」の相手にデニスを選んだのです。

「デニス、十四歳。趣味はいじめ。悩みごともいじめ」アリスはデニスの質問に答えます。「わたしの悩みごとは、デニスと音痴《おんち》」相手を理解することでお互いの憎しみが氷解《ひょうかい》していきます。

アメリカのいじめは日本と違って、いじめっ子グループと子分たちはいても、いじめられっ子を支える友人たちが必ずいて味方になってくれます。日本のようなクラスが中学校にはないからでしょう。クラス全員が無視するようなことはないようです。そして、勇気をもって立ち上がることが大切にされているのです。

らないけれど、信頼できる友だちもいる。転機は、国語のレポート「面接調査」。アリスは、デニスを指名した。

きみがしなければいけないのは、まず、アリス＝マッキンリーという人間に、忠実に生きるということだ。それができれば、しぜんと、ほかの人がじぶん自身であろうとする権利を尊重できるようになる。

いじめられている君へ いま言えること、伝えたいこと

鎌田慧《かまたさとし》
保坂展人《ほさかのぶと》

徳間書店
1995年9月
1300円+税

めげない、負けない、死なない

「ハートボイス」という名のテレホンサービスがあることを知っている人はそう多くはないでしょう。いじめや不登校に悩んでいる中高生に一九九〇年から始まった電話によるメディアです。一万人近くがテレホンサービスを聞き、一か月で一〇〇〇人近くの人が留守番電話に、メッセージを入れてきているという。そのいくつかを取り上げて、問題点を整理し、その課題などを提起しています。

第一部　「いじめられている君」へ――僕たちが伝えたいこと

第二部　いじめをなくすために――いま言えること、できること

の章で、「そんなにいじめるのが好きなんですか?」「小さいころから

やっぱり教育・学校が問題なんだろうな。そうしているのは国・文部科学省だしな。教育の中立性なんかのことばは聞かなくなってしまったしなあ。先生たちも、自分の意見なんかいえなくなっているしなあ。そんな中で、子どもたちはどうなっていくの。(50代・会社経営・男性)

親が貯金してきてくれたお金をとられて」「誰か助けてください！　もういやだ……」など、十八名のメッセージについて、著者の二人がその問題点を整理し、解決のための指針を示してくれています。

それぞれ自分の問題として考えたいテーマばかりです。

その中で、今日の学校・教師の立ち位置が問題にされています。今日の社会の構造、教育行政などに根があることを理解したうえでも、もう少し人間的な優しさ、教師としてのプロ意識に期待しているのは、国民的祈りにもなっているのに、改革できそうな動きは一向に見られないように思えます。

日本の教育もいきつくところまでいきついた。そう思わざるえないのは「いじめ自殺」の多発によってである。学校は生きるための力を養う場であり、友だちをつくるところである。それは誰もが認める学校の意義というものであろう。自分の子どもが、学校で仲間はずれにされ、ひどい場合には殴られ、蹴られ、小遣い銭までむしりとられ、挙げ句の果てに自殺にまで追いやられるなど、親としては想像に絶することである。

この現実は一部だけのものではないし、一日も早く乗りこえなければならないという締めくくりをしています。

いじめをやっつける本

ミッシェル・エリオット 著
桜内篤子《さくらうちあつこ》 訳

小学館
2000年4月
1200円＋税

ミッシェル・エリオット
児童心理学者で学校でも教えている。一九八四年、イギリス・ロンドンに、いじめや虐待から子どもを守るための民間団体「キッドスケープ」（KIDSCAPE）をつくり、父母や子どもたちからの相談や、教師向けのセミナーの開催など、代表として活動している。著書に『いじめと闘う99の方法』（講談社・一九九九年）など。

いじめには「作戦」をもって立ち向かう

いじめを止《と》めるためにはどうしたらいいか、いじめられている人はそれを止《や》めさせるにはどうしたらいいか、いろいろな提案《ていあん》をしています。イギリスの子どもたちの「いじめ」問題ですが、日本とほとんど変わらない状況《じょうきょう》のようすなので、学び、参考にしたい事例《じれい》がたくさんあります。

著者はイギリス・ロンドンで、いじめ・虐待《ぎゃくたい》から子どもを守るための民間団体「キッドスケープ」（KIDSCAPE）を組織《そしき》して、父母や教師向けのセミナーの開催《かいさい》など、幅広《はばひろ》い活動をされています。この本ではイギリスの子どもたちの事例がたくさん紹介されています。

「いじめが原因で自殺したという子の話を聞くたびにこわくなります。だってわたしも自殺を考えたことがあるからです。いじめがひどくなったとき、睡眠薬《すいみんやく》をたくさん飲んでいっそ死んだほうがましだと思ったりします。こういう気持ちになる子は、ほかにもいるのでしょうか。それともわたしは、おかしいのでしょうか。」(ジェンマ・14歳)

このような子どもたちからの相談を受けて、それらにやさしくていねいに答え、考えさせる内容になっています。

ジェンマのような、厳《きび》しい質問だけでなく、ごく初歩的な「悪口をいう」「暴力《ぼうりょく》をふるう」「知らん顔をする」「ほかとちがうというだけで、笑ったりバカにする」――「このように、何も悪いことをしていない人に、わざといやな気持ちにさせるようなことをするのをいじめといいます」と、いじめのしくみをやさしく説《と》いています。

この本の中でエリオットさんは、「いじめはいじめる側が悪いのであり、いじめられてもしょうがないなんていう子はこの世にいない」「いじめに立ち向かうには、自分を好きになり、自信をもつことが大事」だと強調しています。

日本においても、いじめ問題を子どもに寄り添って相談できる民間団体がもっと増えてほしいと願わずはいられません。

非・バランス

魚住直子《うおずみなおこ》

中学生だけじゃない。おとなだって生きていくのはつらい

小学校五年生の頃《ころ》からずっと卒業まで、ユカリはいじめを受けてきました。独りぼっち、ひとりでじっとがまんしているとクラスの女子全体がムシするようになったけど、ユカリは学校を休まない。一度でも学校を休むと、懸命《けんめい》に支えている自分のからだがバラバラに砕《くだ》けてしまいそうな気がしたからです。先生にも家族にも、いってもムダだと思っていました。心の平静を保つため、無言電話や万引きまでしたのです。そんなユカリが姉さんのようなサラさんに出会ったのです。ユカリの話をいつでも聞いてくれ、ユカリにはサラさんが理想の「オトナ」に見えたの

講談社
2006年5月
470円（税込）

第36回講談社児童文学新人賞受賞

〈あらすじ〉

小学校のときのいじめを中学生になっても夢に見る。苦しくなった私は、夜中に家を飛び出す。橋の上で「ミドリノオバサン」に会い思わず「助けて」といってしまった。

文房具店で万引きをした私は、オバサンではなかったお姉さんに助けられた。そのときからお姉さんのところに私は通い出した。お姉さんは、私の話を何も理由をきかずに聞いてくれた。仕事は婦人服のデザイナー……だと思っていた。名前はサラさん。

クラスの茶髪三人組からのいやがらせにも私

でした。

中学生になってユカリは決めました。「クール」、これで行こうと。別の人間に生まれかわろう。友だちもつくらない。グループは必要ない。絶対に調子にのらない。クールに生きて自分から友だちはつくらない。

中学生にとって、「友だち」がいない日常を考えられますか。学校でのいじめの多くは「友だち」の中で起きますから、面倒《めんどう》な人間関係で悩むよりはマシなのでしょうか。

ユカリの唯《ただ》ひとりの話し相手は社会人のサラさん。デザイナー志望なのに八年間も商品管理と搬送《はんそう》の仕事、山積みされた段ボール箱に埋《う》もれて仕事をしてきました。ユカリの話を聞いてやりながら、おとなのサラさんの心の中にも深い闇《やみ》があったのです。

今、おとなも思うような人生を送れません。学校という小さな社会が〝会社〟という社会に変わるだけなのです。子どももおとなも息苦しく、生きるのがつらいのです。「どこかで決着《けつちやく》をつけないといけない。先《さき》にのばしてもだめなのよ」このサラさんのことばはユカリにとっても私たちにとっても重たく響《ひび》きます。

──わたしの作戦はクール。
学校という世界で生きるために、
中学にはいるまえに決めたことが
二つある。
一つ、クールに生きていく。
二つ、友達はつくらない──

はクールに耐えてきた。ある日、三人組のひとりが、学校で飛び降り自殺を図った……命はとりとめたけれど……。信頼していたサラさんにも人にはいえない秘密があった。

いじめ　14歳のMessage《メッセージ》

林慧樹《はやしみき》

小学館
2007年12月
438円＋税

今日も日本のどこかの学校でこんないじめが起きているかも知れないと、つい想像してしまいます。胸がちぢみ、苦しくなってしまいます。（20代・会社員・女性）

14歳・同世代からのメッセージ

この書は「第18回小学館パレットノベル大賞審査員特別賞」を受賞した、作者が14歳のときに書いた小説です。

小学五、六年生から中学校までの、主に部活動のなかでのいじめ体験をもとにしています。その中でいじめの実態《じったい》が生々しく再現されていきます。息もつかせない迫力で物語は展開していきます。

小説であることを一瞬忘れてしまうほどです。ふだんの、「いじめ事件」報道などで、日常的な話題になり過ぎているようなところがあって、つい現実的な目で見てしまうところがあってのものかも知れません。それほどリアルで迫力ある展開になっています。

作者は「あとがき」で、今日、誰でも感じていることを次のように記しています。

「イジメで自殺した人のニュースを聞くのは、もう絶対に嫌だ。それについて適当にコメントする大人達の言葉を聞くのも、もう嫌だ。もし、いじめている人がいるのだったら、もうやめようよ。そんなことしたら相手だけじゃなくて、自分もたくさん傷つくよ。だから、もっとお互いを尊重しあうことを、まず覚えようよ!」

この本はすみからすみまでていねいに読んでほしい一冊です。喜多嶋《きたじま》隆《たかし》さんは、次のような推薦文《すいせんぶん》を寄せています。

「子供は、大人を見て育つ。つまり、子供の社会が陰湿になってきたということは、大人の社会もまた、陰湿になってきたということにほかならない。これからは、『いじめ』は、子供だけの問題ではなくなるだろう。いや、すでに、そうなりはじめているのかもしれない。『窓ぎわ族』などという言葉が流行しはじめた頃から、すでに、これは日本人全体の問題になりはじめているのではないだろうか……。」

学級でまわし読みしてほしい一冊です。

明日がくる

――「いじめ伝言板」子どもたちの声・親の声

松本宏樹《まつもとひろき》・
朝日学生新聞社《あさひがくせいしんぶんしゃ》 編

東京書籍
2007年9月
1400円＋税

全国の学校、クラスで、なぜ「いじめ」についての討論が少ないのか、不思議です。学校に投書箱をつくったら、きっと投書する人はいっぱいいると思いました。（中学生・女子）

だれかわたしをたすけてください

本書は中学生向けの週刊全国新聞「朝日中学生ウイークリー」のいじめについての投書欄をまとめたものです。二〇〇〇年から七年続いています。いじめられている子からの「だれかわたしをたすけてください」という投書を載《の》せたのがきっかけでした。

「なぜいじめるの?」「いじめる人は強いのか?　いじめられる人は弱いのか?」「いじめられる側が悪いのか」「傍観《ぼうかん》者はいじめる人と同罪か?」「先生、私たちに気づいて!」「どうすればいじめはなくなるの?」「私たちは、こうしていじめから抜け出した」など、全国の中学生の赤裸々な声が寄せられています。

なかには、機械ならいじめられていることを感じなくていいのに、とか、ロボットならみんな同じで、ちがっているといじめられることもないという痛ましいものもあります。また、いじめていた子からの、いじめをやめたきっかけとして、いじめていた子からすごい反発をされたとか、悪口をいう自分の弱さに気がついたとか、いまは本当に後悔している、という投書もあります。どうして無視や、シカトはいけないの？という質問や、いじめられている子にも問題があると思う、という投書もあります。

いずれも自分の気持ちを正直に書いているので、いじめられている子のつらさや、いじめを始めたときの、ちょっとしたからかいや意地悪がエスカレートしたことなどがよくわかります。

いじめをなくすためにみんなで考え、それぞれの体験をとおして本音で語っています。ひとりの考えに、わたしはこう思うと、続けていろいろの考えが載るのが、投書のいいところだと思います。思わず、全国の中学生がんばれ！　といいたくなります。

投書を読み続けて思うのは、子どもたちはなぜこんなに苦しいのか、つらいのか、ということです。そんななかで中学生はまじめに考え、乗り越えようとしています。私は、子どもたちがこんなに悩み考えていると知りませんでした。

ハミダシ組！

横沢彰《よこざわあきら》 作
長野《ながの》ともこ 絵

新日本出版社
2009年1月
1400円＋税

でも わたしは、生徒を従わせたくて、先生になったんじゃない――直子先生――

新担任の学年主任は三年C組をしめあげます。表面的にはクラスは平静に。でも生徒たちの気持ちはばらばら、いじめは陰湿《いんしつ》に。

この十年、中学生たちはおとなしくなったかも知れません。それは表面だけ、教室も保健室も居場所でなくなり、保健の先生も心の病気の子の相手より、コンピュータを打つのに忙しいのです。

学年主任はチタに「どうした。やらんのか。殴《なぐ》ったら施設《しせつ》行きだぞ」と挑発《ちょうはつ》します。「従わない生徒」はいらないというのです。生徒の対教師暴力は即、警察へ通報、逮捕《たいほ》されるのです（私は生徒を挑発して殴ら

〈あらすじ〉

「あいつら、また授業エスケープですか。」教頭先生がちっと舌打ちして、ふたりが消えていく角をにらみつけた。チタとリョウは「はみだし者」。教室に居場所がない。今の居場所は三年D組、生徒減で空教室になっている教室。相手をしてくれる先生は、生徒指導の門司先生と担任の直子先生だけ。

学級委員の風子が麗華たちにいじめられているようだ。何人かの生徒に事情を聞いた。麗華がそれを知り、過呼吸で倒れた。「うちの娘がいじめをしてるなんて！ そんなことという担任に娘をあずけるわけにはいかない。」と親から抗議され、校長からも直子先生は担

せて、それを理由に退学に追い込んだ高校の教員を実際に見ています）。ハミダシ組の三年D組に根気強く通う生徒指導の門司先生や用務員のカンさん。二人は教頭や学年主任からハミダシ組を守る防波堤《ぼうはてい》なのです。

真剣に生徒のことを考える先生が、がんばりすぎて体調を崩《くず》せば、校長は「病休、学校に来るな」と不適格教員の烙印《らくいん》を押すのです。「教師とは、教える師なんです。生徒を従わせられない先生じゃ話になりません」

直子先生は、「いろんなことを本音で語り合ったり、いろんな悩みを本音で聞いたりして、生徒とかかわっていきたくて中学校の教師をめざしたはずだ」と勇気を奮《ふる》い立たせて、病休中なのにハミダシ組の担任に勝手になります。三年D組には教室に居場所を失った生徒たちが来て、お互いに助け合って勉強をします。勉強がこんなに楽しかったとは知らなかったと口々に話します。管理され、従わされる教室では味わえないことでした。

生徒だけでなく、良心的な先生にも、今の学校は生きていくのがつらいところになってしまったのです。

任不適格だと病休を命じられてしまう。秀才の博も、そして直子先生と風子も、三年D組ハミダシ組は次第に人数がふえていく。

「自分以外の人、みんな関係ないと思ってた」「でもさ、ハミダシ組でさ、思ったんだ。関係ないと思ってたみんなが、わたしのことを真剣に思ってくれてた。思ってることを伝え合えば、関係ってできるんだなって。」

14歳——Fight《ファイト》

後藤竜二《ごとうりゅうじ》 作
田中槇子《たなかまきこ》 絵

岩崎書店
1988年6月
1262円＋税

〈あらすじ〉

白瀬櫂は五中のダメ生徒会長です。級友たちに面白半分で推されて、対立候補もなく六割の信任投票でなったのです。「非行をなくします」壇上であがってしまって一言あいさつしただけ。やったことといえば、毎朝、校内のたばこの吸殻を拾い集めただけ。

みんなで力を合わせれば

生徒会で、非行やいじめをなくすためのポスターを書いて、張り出したら、三十枚のうち四枚が消え、十七枚に落書きがされていました。「目立つんじゃねえよ」と赤いスプレーでなぐり書きされ、「目」のところに安全かみそりの刃が張られていました。一度張り出しただけで、こんなにすばやく反応があったんだから、続けたらもっと反応があると思うんだ。生徒会だけでなく、みんなに呼びかけて続けようと決めます。誰もこないと思っていたのに、先生まできて、一時間ほどでたちまち三十枚のポスターができました。そこへ非行グループが来て、ポスターを蹴散《けち》らし、櫂《かい》は頬を張り飛ばされました。

ちきしょう、徹夜《てつや》でポスターを書き直す——と櫂は思いました。みんながポスター用紙を持ち帰り、「声をあげる勇気を」美術の先生もきれいなポスターを書いてきてくれました。直後に生徒会役員がおそわれます。そして番長グループの脅《おど》しにあっている秋山君を学級ぐるみで守り抜くことを決めました。やがて番長グループの襲撃《しゅうげき》があり、予定の行動で、校内七百人が取り囲みました。彼らは固まって立ちすくんでいました。逃げることさえできなかったのです。

いじめや校内暴力に正面から立ち向かった中学校が舞台として描かれています。弱虫で頼りない生徒会長が主人公のところがいいと思います。無理をしないで諦《あきら》めないでできることから始めて、みんなと一緒に番長に立ち向かう最後がさわやかです。

いじめが、いじめられるもの、いじめを受けるもの、それを黙《だま》って見ているものすべてを腐らせることがよく分かります。甘い結末かもしれませんが、みんなで力を合わせれば解決できるということを正面から書いていることに救われます。どこの学校にも共通した問題があるのではないでしょうか。

「いま、わたしたち、ほんとに自分の望んでいること、わかってると思いますか？希望をふくらませていくのとは逆に、毎日毎日、いろんなこと、つぶされて、あきらめさせられて、考えなくさせられる訓練されてるようには思いませんか？」

ライフ

すえのぶけいこ

© すえのぶけいこ / 講談社

講談社
2002年8月〜2009年4月
410円〜500円（税込）

〈あらすじ〉
いじめの被害者歩の成長を描いたコミック。歩は高校受験で親友を失いリストカットを始める。高校で初めてできた友人愛海が、いじめの主犯格となる。歩は、愛海をはじめとするクラスメイト、さらにはいじめを隠蔽しようとする学校組織全体、家族、犯罪行為をいとわない他校の生徒らすべてと戦い始める。最終的に歩は、周囲に自らの過ちへの気づきを与え、それぞれが心の成長をとげていく。

義務教育の檻《おり》に閉じ込められた人びと

漫画雑誌『別冊フレンド』（講談社）に約七年間連載され、脅威《きょうい》の売り上げを記録した全二十巻のコミックです。

少女歩《あゆむ》に対する壮絶過ぎるいじめ（犯罪を含む）の描写には、賛否両論あるでしょう。気になるのは、このコミックを小・中学生、高校生たちが、日常の物語として読むのか、非日常の物語として読むのかです。

『ライフ』で言及《げんきゅう》されているのは、学校という檻（ここではあえて使う）のなかで起きるいじめだけに留まりません。いじめの発生や原因は、おとなが抱える職種の格差差別、仕事の立場関係、職場の隠蔽《いんぺい》体質、家庭問題など社会・会社のストレスをおとなが身勝手に子どもへ向けた結果ではないかという問題提起もかいま見られます。また、おとなが本来の子どもの姿を知ろうとする気持ちを忘れた結果、親から受けたプレッシャーやストレスを標的（いじめの対象）に向けてうっぷん晴らしをしているのではないかという疑問の投げかけも感じられます。

いじめを軸に、リストカット、未成年者の喫煙、飲酒、薬物、性交、監禁、暴行、脅迫、自殺未遂、殺人未遂などを物語に盛り込んでいるため、「過激ないじめをするための教科書」を提案しているようにも見えます。しかし、それほど過激な内容でなければ、もはや人の心へ訴えかけられないのではないかという現代社会への危機感もうかがえます。

もちろん歩の成長もさることながら、歩を支える未《み》来《き》、かつていじめで不登校に陥った薗田《そのだ》、主犯格の愛《まな》海《み》、いじめグループ、雰囲気つくりの同調者、無関心を装った周囲、教師、学校組織、家族それぞれの心の微妙な動き、表情の変化、自己の見つめ直し、成長もしっかりと描かれています。

自分のことばと心にきちんと向き合いながら読んでもらいたいコミックです。

…大丈夫《だいじょうぶ》な　ハズだったんだ
マナに　ついてれば
標的《ひょうてき》にはならない　ハズだったのに……
これじゃ　マナと　仲《なか》よくなった　意味《いみ》
がない…

完全版
いじめられている君へ いじめている君へ いじめを見ている君へ

朝日新聞社《あさひしんぶんしゃ》 編

心に届くことば

各界の多様な方々からのメッセージ集になっていますので、場合によっては、憧れている人、尊敬している人、興味のある人から読みすすめてもいいと思います。肩書きは省略して、メッセージを寄せた方々を紹介しておきます。

〈1章〉内藤大助、乙武洋匡、西原理恵子、姜尚中、中川翔子、白石昌則、押切もえ、土井隆義、齋藤孝、森永卓郎、安西水丸、辻村深月、秋元才加、はるな愛、三浦雄一郎、茂木健一郎、ＬｉＬｉＣｏ、川渕圭一、あさのあつこ、林家正蔵、鴻上尚史、小柴昌俊、高史明、久保純子、華恵、さかなクン、野口健、横峯さくら、高木ブー、川嶋あい、松

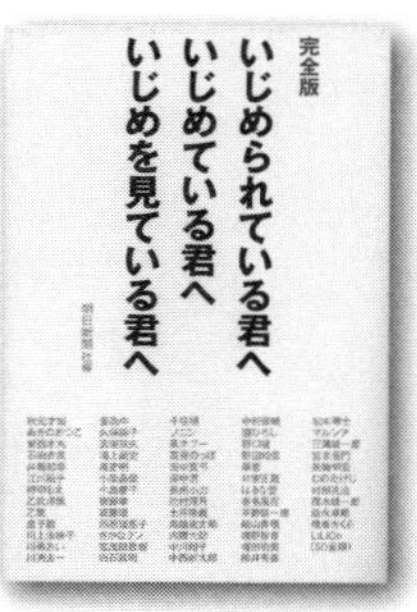

朝日新聞出版
2012年9月
952円＋税

〈内容〉
真剣にいじめを考えてほしいという、現在各界で活躍されている方々からの熱いメッセージ集です。一人ひとりのメッセージは経験に裏打ちされたものばかりで、どれも説得的です。

前の、『いじめられている君へ　いじめている君へ』（朝日新聞社・二〇〇七年）を読んでいたので、また買いました。意外な人がメッセージを書いていて、読んでるうちに、自分なりにいろいろ考ええました。（10代・学生・男性）

井秀喜、中村俊輔、鳥越俊太郎、松本零士、石田衣良、川上未映子。
〈2章〉春名風花、玄侑宗久、細山貴嶺、井筒和幸、マルシア、田中真弓、小島慶子、金子勝、斎藤環、宮本亜門、ソニン、千住明、高見のっぽ、野田知佑、村田兆治、長州小力、乙葉、平野啓一郎、むのたけじ。
〈3章〉田中泯、江川紹子、志茂田景樹、槙野智章、猫ひろし、中西新太郎、美輪明宏、増田明美。

むのたけじさんは、最近の小中学生と話し合ってみて、共通する特徴があることに気づいたとして、次のようなメッセージを記しています。

「話す相手の年齢や社会的地位、お金もちか貧乏かなどに関係なく、対等の立場で向き合う。考え方がしっかりしていて、不確かなものはあてにしない。友達の命の尊さを知っています。そんなすてきな素質をそなえたみなさんの姿を知ったとき、これは今までの日本人の歴史の中で、最高にすばらしい世代だとわかりました。」

そして、今のおとなたちもこの長所を持っていた時代があったとして、考えさせられるメッセージを記してくれています。「みなさんと同じ長所を持っていたときがありました。戦争に負けてから15年ほどの時期です。」と指摘したうえで、「大人が気持ちをいれかえなければなりません。」ということばでしめくくっています。

いじめられっ子ノラ

宗田《そうだ》理《おさむ》

PHP研究所
2007年6月
1400円+税

人生は絶望してはならないと、あらためて思う

この本を読んでいるうちに、先を読めなくなるような救《すく》いようのない気持ちになるかも知れません。でも、休み休みでもいいですから最後まで読んでください。この本は事実をもとに書かれているからです。作者のところに「あたしは死にたい」という手紙が来たことがきっかけで書かれた作品なのです。

――学校にも家庭にも居場所がない。心が休まる場所はどこにもない。だから典子は教室を抜け出して校舎の屋上に本を持っていく。――

学校の図書館の本は片はしから読んでしまったそうです。家では母親か

〈あらすじ〉

ノラというのは、典子のあだ名で、野良ねこのことだ。母親の望まぬ妊娠から生まれたノラは幼児の頃から母親から虐待を受けてきた。学校でも生徒や先生からひどい暴力やいじめ、体罰を受けてきた。すさまじいまでのいじめや体罰、母親の虐待に耐えきれず、典子は家を出て、見たこともなかった父親の家に行く。だが父親も冷たかった。一週間後、典子は父の家を出て行方不明になる。

典子が市からいなくなったあと、その市ではけネコ騒ぎが起きる。ネコが集団で人を襲う。それも典子をいたぶった同級生や学校がねらわれる。誰もがノラの怨念のせいだと思い恐

怖にかられパニックになる。

ら骨折して入院するほど殴《なぐ》られ、学校では陰惨《いんさん》ないじめや暴力《ぼうりょく》を毎日ふるわれます。体罰《たいばつ》が容認《ようにん》されているような中学校、生徒たちのストレス解消《かいしょう》のほこ先が〝かわい気《げ》〟のないノラに向けられます。

本当に学校の先生があんな体罰をしていたのかと思うかも知れません。今だったら免職《めんしょく》かも知れません。でもノラの中学生の頃はそうだったし、今は校内で〝暴力〟があればすぐに警察《けいさつ》に連絡して〝悪い子〟は排除《はいじょ》されてしまいます。〝底辺校《ていへんこう》〟といわれた高校や中学では、先生が生徒を挑発《ちょうはつ》して〝暴力〟をふるわせて、それを口実にして退学させたり、施設送りにして学校から排除するという卑劣《ひれつ》なことをつい最近までしていました。だから未《いま》だに学校での体罰事件やいじめもなくならないのだと思います。

それでも、どんなにつらくても自らの命を絶《た》ってはならない。雨は永久に降りつづきはしない。いつか必ず晴れる日が来る。そう作者は訴《うった》えています。誰からも救われなかったノラは絶望《ぜつぼう》して死のうとします。最後の最後にノラは見知らぬおじいさんに救われ、まっとうな人生を歩み始めます。「人生は絶望してはならない」とノラは語っているのですから。

望まれて育ってきた子どもじゃないのに、
生きていてもいいのか？　って。
あたしみたいな人間が、こんなに生きて
いていい理由なんてどこにもないって。

うそつき

マロリー・ブラックマン 作
冨永星《とみながほし》 訳

ポプラ社
2002年12月
1400円＋税

〈あらすじ〉

ジェンマの家は父子家庭で、兄と父のいさかいが絶えず、学校でも透明人間のようにこころを閉ざして過ごしています。死んだと聞かされている母が恋しくて、小さいころからずっと新聞記事の見知らぬ「お母さんたち」の記事をきりぬいてはスクラップしています。

転校生のマイクがやってきて、「この子、どこかでみたことがある……」と感じたジェンマは、苦心してある新聞記事のなかのマイクを見つけ出します。

母をもとめる子どもたち

いじめられる側の気持ちが克明《こくめい》に描かれた物語は多いと思います。いじめる側にも家庭の不和があったり、その場のノリで理由などない場合だったり、まったく描かれないことはないのですが、この物語は、いじめる側といじめられる側、二人のこころの動きがとてもこまやかに描き出されています。

ジェンマはマイクに対して、ひどいことをいって傷つけたいわけではありませんでした。むしろ、自分たちは仲間だと直感して、そのことを伝えて友だちになりたかったのに、いえばいうほど、行動すればするほど、出てくることばはいじわるになって関係がねじれていきます。そうなっていくのは、マイクの秘密と苦しみがジェンマの想像以上のものだからで、お互いのつらい気持ちがずれたまま重なっていきます。

二人を壮絶に苦しめるのは、お母さんの不在です。愛してほしい、自分をみとめてほしい、思いきり甘えてみたい。それぞれの不在の理由は違いますが、愛してもらえないと感じる子どものこころは、おとなになっても癒《い》えない傷をのこすのでしょう。

学生時代に学んだ参考書のひとつに出てきた、忘れられない文章があります。

「お母さんは、家族のなかの太陽でいてください」

そういったフレーズでした。お母さんは、家族全員の健康な生活をになう大事な存在。だから、明るくみんなを包み込んでいてくださいということばでした。

お母さんは、どの子どもにとっても、太陽なのです。

あんたがいなくなったら、まわりの人は大騒《おおさわ》ぎするでしょ。あたしはそんなことないもん。少なくともあんた、ちゃんと生きてるって、感じられるでしょ。自分は今、ここにいるって。あたし、そんなふうに思えたことない。

未来のきみが待つ場所へ
先生はいじめられっ子だった

宮本延春《みやもとまさはる》

講談社
2006年12月
1100円＋税

自分を信じて前へ

小学校・中学校をとおして、作者は「いじめられっ子」でした。中学校を卒業するとき、九九が二の段までしかいえませんでした。成績もオール1でした。その作者が志を持って自分の夢を描いたとき、新しい人生を見事に切り開くことができたという、その努力の歩みの書です。

第一部「痛みと苦しみの小学校」時代、さまざまないじめにあいます。どこの学校や教室でも起きているいじめのオンパレードです。漢字ドリルでのいじめ、押し付けられた作文コンクールでのいじめ、給食費を取られてしまういじめ、不登校、自殺未遂とつづきます。中学校に進学しても同じでした。少林寺拳法と出会い、いじめからの脱出を試みま

「先生の顔が見えない」――どこの地域に行っても聞かれることばです。多様な顔が見える学校はどこにいってしまったのでしょうか。宮本先生は子どもが見える先生なのでしょうね。（40代・公務員・男性）

すが、なかなかいじめから抜け出すことはできませんでした。

「他人をいじめることで自分を救っている人がいます。自分の身を守るために他人を犠牲にしている人がいます。痛みを避けるために他人を苦しめる人がいます。それは正しいことなのでしょうか、許されることなのでしょうか、ぼくは絶対に許しません。」

と叫びます。

母と父を亡くし、自分の居場所を追い求め続けていた作者は、運命を変える一本のビデオに出会います。それは「NHKスペシャル　アインシュタインロマン」でした。

「我を忘れるほど画面にひきこまれていました。……いまだかつて味わったことのない興奮を呼びさましてくれたのです。」

運命の歯車が前へ前へと動きはじめます。

劣等生だった作者は、小学校三年生の算数のドリルから勉強をはじめ、定時制高校、名古屋大学理学部へと進み、血みどろの努力をして、人生を切り開いていきます。

作者は劣等生でいじめられっ子だった経験を生かし、自分だからこそできることは、落ちこぼれの子どもたちの気持ちがわかる教師ではないかと思い、母校の教師という道を選びました。

NHK中学生日記31 いじめを考える

過去からのメッセージ

蓬莱泰三《ほうらいたいぞう》 著
岡本順《おかもとじゅん》 絵

ポプラ社
1995年9月
1200円＋税

子どもたちの荒廃は

「過去からのメッセージ」

公立の高校の入試まであと二週間という時期に、哲也のかばんが無くなってしまいました。受験参考書も問題集も受験のためにつくったノートもカードも入っていて、受験勉強ができなくなってしまったのです。

かばんを隠したのは修、和章、圭の三人の連携によるものでした。首《しゅ》謀《ぼう》者は圭でした。圭自身、志望校の受験に失敗して、次の高校受験のために塾に通っていました。高校教師の父の複雑な立場もあり、圭への期待も大きく、圭自身もがき苦しんでいたのです。父の意外な過去もからんで、かばんが出てくるまでのめまぐるしい展開は、推理小説のようで

「いじめのない学校を!」というスローガンはよく目にします。しかし、いじめを扱った本の多くは、学校・教師をほとんど問題にしていません。なぜ語られなくなってしまったのでしょうか。その中にあって、中学生日記シリーズには、学校・教師の姿が、それなりに描かれていて、現在の中学生の生活がリアルに見えてきます。(50代・自営業・男性)

す。

「いじめ」は、子どもの世界だけの問題でないことを語ってくれています。

「石の舌」

校則も生徒心得も、そのすべての項目を暗記して守っている吉宏は、クラスではいつもむすっとしていて、誰かが声をかけても返事もしません。一日中一言も口をきかない、雰囲気の暗い、イモムシのお化けみたいといわれていました。

吉宏は父に、「校則と生徒心得を全部暗記しろ。そして、絶対に違反してはいかん」とか、「口は災いの元。友だちにもよけいなことはしゃべるな。おとなしくしていればいじめに遭《あ》うこともない」といわれて育ってきていました。もともと口数が少なかった吉宏はいっそう寡黙《かもく》になっていきます。校則や生徒心得を敵視している級友たちに「コウソク」と呼ばれるようになり、いっそういじめられるようになりました。

新学期、まず班分けで嫌われてしまいます。そんなとき、担任の松岡先生から第三班の清掃班長を引き受けてくれないかと頼まれます。吉宏の清掃班長としての活動が始まります。その活動の中で、吉宏の「石の舌」は少しずつほぐれていきます。

NHK中学生日記32 いじめを考える

長すぎたトンネル

関《せき》功《いさお》 著
岡本《おかもと》順《じゅん》 絵

ポプラ社
1995年10月
1200円+税

中学校生活はいいことは少しもなかった

「みんなも怖い」

佐知子は社会科の試験で九十二点をとりました。英語の点数もよかったことから、友人たちからのねたみをかってしまいました。カンニングをしたといういわれのないうわささえ流されてしまいます。友人だった聖子や泉さえ離れてしまいました。

担任の東先生に佐知子がいじめに遭っているらしいと知らせたのは、養護教諭の小牧先生でした。佐知子は担任の東先生を、「きらいなんです。東先生。こんなにあたしがひどい目に遭ってるのに、それに気づかない先生なんて、きらいなんです」と小牧先生に訴えます。小牧先生は

「いいことは少しもなかった」と、卒業文集に書いた主人公が悲しい。九年間のどこかで、問題を解決する機会はなかったのだろうか。九年間のどこかで勇気を出していたら、学校生活は変わっていたのではないのか。

中学校を卒業して三十年の同窓会で、いじめっ子だった人は、私をいじめていたことを忘れていた。私は、昨日のことのように思い出せるのに。（40代・会社員・男性）

どんな方法でこのいじめ問題を解決してくれたでしょうか。

「長すぎたトンネル」

三月の中学三年生は進学と卒業をひかえて、何かとあわただしくなります。卒業文集編集委員から八〇〇字の原稿の提出を呼びかけられました。いじめられっ子の正巳は、自信をもって書き上げ提出しました。

「いいことは少しもなかった。小学校一年から中学三年のいままで、楽しいことはなんにもありませんでした。九年間、ぼくはいじめられるために、学校に行っていたような気がします。たぶん、クラスの者は、ぼくがいじめられているのを、いままでに、少なくとも一回は見ているはずです。」と。最後には、「クラスの仲間たちよ、教えてくれた先生方、あなたたちに幸せはありません。将来は真っ暗です。みなさんのご不幸をお祈りいたします。」と書き切ったのです。編集委員会に提出された正巳の原稿によって、その後どんな展開を見たでしょうか。

「許せない！」

岩井君は児童相談所に電話をかけました。「友だちにお金を貸したんだけど、なかなか返してもらえなくて」と。野田君は大雑把《おおざっぱ》でいいかげんな性格です。それにくらべて、岩井君はとても繊細《せんさい》な性格です。二人は友人でしたが、岩井君の「許せない！」気持ちが爆発します。

NHK中学生日記33 いじめを考える

母たちの戦い

山田正弘《やまだまさひろ》 著
岡本順《おかもとじゅん》 絵

ポプラ社
1995年11月
1200円＋税

戦い方の質と量

「やつのパンツをねらえっ！」

昇太たちツッパリ・グループに幸治はいつもいびられています。身長一七六センチ、体重八十四キロ、中学三年生としては大柄であり、巨漢といってもいいほどです。それなのに、どうしたことか、気が小さく、俗にいうノミの心臓の持ち主なのです。幼稚園からいっしょで気のあう英明もつかず離れず付き合っていましたが、大事なところでは、幸治のことを本気でかばってくれていました。

昼休み、昇太たちの「解剖《かいぼう》しちゃおうぜ！」のいじめが始まりました。必死で抵抗する幸治のズボンが脱がされ、パンツまで脱がされてし

学校が荒れていた頃、サッカー部内のいざこざで暴力事件が起きたことがありました。学校は被害にあった親たちを呼び出し、警察に被害届を出すから署名捺印してほしいと強引でした。同じ町内の何人かの子どもの名前が記されていて、なぜそうなったのかもわからない状態では、学校の要望にはその場でこたえられませんでした。文部科学省はこのたび刑法を活用していじめ問題を解決しようとしています。母親・父親たちの責任は重大になってきそうです。（60代・男性）

まいます。下半身むき出しの姿で、男子と女子の人垣の間を歩かされてしまいます。英明は、「もういいだろう。並屋、泣いてるじゃないか」と止めに入りますが、「おまえも、解剖されたいかよっ」とすごまれてしまいます。

「母たちの戦い」

家族の中の母親は小説のなかでもよく登場しますが、母親たちの横のつながりを扱った本はあまり見当たりません。そんな中でこの小説は大切な問題を提起してくれています。

二学期最初の土曜日、賢二と信行は区民スポーツ・センターのプールへ行き、夏休みの延長気分でふざけていました。そこで夏期講習でいっしょだった昌美と出会い、そこで慶文、明、峻の三人と出会い、いっしょに水遊びを楽しみました。

その帰り、カツアゲ事件に巻き込まれてしまいます。現場を目撃しただけだったのに、巡回中の少年指導員に補導《ほどう》されることになってしまいます。学校は大騒ぎとなります。対策検討がすすみ、生徒相談室に事件当事者の四人と、その母親たちが呼び出され、尋問《じんもん》が始められます。

彼らは無実を主張しますが、最後には反省文を書いて提出するよう命じられてしまいます。そして母たちの戦いが始まります。

ハングマン・ゲーム

ジュリア・ジャーマン 作
橋本知香《はしもとちか》 絵

なにより、自分の中にひそんでいるファシストと戦わなくては

「ファシストはみんなの中にひそんでいる」自分と違《ちが》った考えを持っている人。自分と違ったスタイルで生きている人。ちょっとダサくて、行動が遅い人。どうして、みんなと一緒にできないんだろう。あんな人と友だちになりたくない！　そう思う人は多いことでしょう。でも、少し昔のことを考えてみてください。ファシストといわれた人が国の指導者でいた時代です。その国々では、民族の違い、自分たちの思想と異なる人びと、障《しょう》がいをもつ人びとを投獄《とうごく》したり、虐殺《ぎゃくさつ》したりしました。自分はファシストではないと思っていた多くの人びとも、見て見ぬふりを

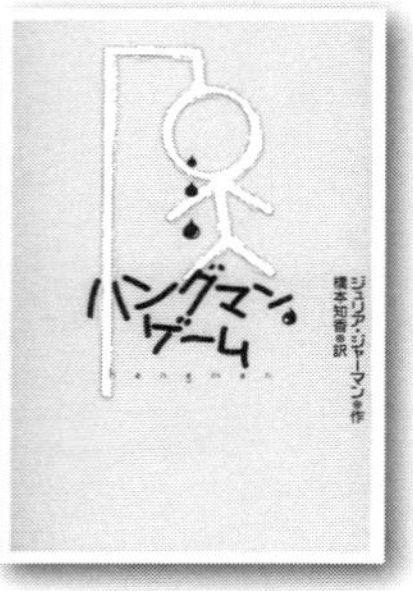

偕成社
2003年7月
1400円＋税

〈あらすじ〉

トービィは気が重い。ダニーが同じ中学にもどってくるからだ。ダニーとは家族同士のつきあい。小学校のときは、運動音痴でダサいダニーのおもり役だった。ダニーはみんなとどこか違っている。

トービィの友だちのニックは、警察官で厳格な父親と明るい母親に育てられた、スポーツ万能でリーダー格。自分がなんでもできるからダニーのような超ダサはがまんならない。転校初日からニックたちのいやがらせが始まった。トービィはダニーを助けなかった。ダニーの親友だと思われたくなかったからだ。

して、結果的にファシストの蛮行《ばんこう》に手を貸しました。

イギリスやフランスではファシズムはゆるされません。ファシズムは人間を憎んだり、バカにしたり、人を人として認めない心に芽を出します。ニックの心にも、いつの間にか、その芽が芽生えてしまいました。立派すぎる父、福祉関係の仕事をしている母、そして〝カッコ良いスポーツ万能〟の自分。ダニーに仕組んだワナへ、最後に自分がかかってしまうのです。

学習旅行で、置いてきぼりをくったダニーは行方不明になり、重体におちいります。トービィの機転で命は救われます。しかし、二度とダニーは中学に戻りませんでした。

ニックの父は、親として、やさしさとかがまんといった、人としての価値をきちんと教えなかったからだ、「ニックを知恵のはたらく悪党に育ててしまった」と悩みます。学校でも、ニックはサッカー部のキャプテンも学級委員も解任され、誰からも相手にされなくなってしまうのです。じゃあ、ニックに〝手を貸した〟トービィはどうなったって？　この本を最後の一行まで読めば、きっとわかります。

それは秋の学習旅行で大事件となった。ニックのしかけた巧妙なワナにダニーは、はまっていった。

「お兄ちゃんは、暗いの怖くない？」
「怖くないよ」
「じゃあ、なにが怖い？」
「人間かな」ダニーは正直に答えた。

君たちはどう生きるか

吉野源三郎《よしのげんざぶろう》

ポプラ社
2011年8月
760円＋税

※現在入手できるのはほかに岩波文庫（一九八二年）などがある。

思春期に生き方を探求する

一九三七（昭和十二）年に発行されたこの本は、山本有三編纂《へんさん》の「日本小国民文庫」（全十六巻）の中の一冊です。第一次世界大戦、満州事《まんしゅうじ》変《へん》と続き、日本は軍国主義の勢力が強まっていた時代でした。「日本だけの時代のながれに添うのではなく、世界にむかって目を開き、長い歴史の上に立って今日を考え、どんな時にも人類の将来に対して希望をつなぐことを忘れないよう」という願いをこめて発刊されたものでした。

戦時中にもかかわらず、愛読した少年少女たちもいて、六十年ぶりに読み直してみたという老人さえいます。いったいなにが、心に残っていたのでしょう。世代をこえて読みつがれてきているのはなぜなのでしょ

おじいちゃんが、「この本、もう一度読んでみたかったんだ」といって、ぼくの机の上からこの本を持って行ったっきり、なかなか戻ってきませんでした。そして「あんな時代にこんな本が出せたんだ」といって、返ってきました。全部読み終わったら、おじいちゃんの感想も聞いてみたいと思っています。（中学生・男子）

うか。

コペル君（通称）は中学二年生の少年です。父親を亡くし、母親と二人で暮らしています。近所に住んでいる叔父さん（母親の弟）がコペル君の成長を見守りながら、親身になって生きるためのおとなの助言をしてくれています。コペル君は人間としての在りかたを、少年らしい視点から理解して考え、行動し、自己成長していきます。

中学校生活はいつの時代も、現代と同じようなトラブルは起きていたようです。「いじめ」というような表現はありませんが、貧困、差別などにまつわってのいじめの世界は見え隠れしています。

同級生の浦川君との出会いでは、貧富の問題を考え、社会への目を開いていくきっかけになりました。このことでのコペル君と叔父さんとのやりとりは、少し哲学的ですが、現代の少年少女たちにはじっくり学んでほしいところです。

北見君、水谷君、浦川君とコペル君が、学校生活で起きてしまった事件をどう乗りこえて友情を深め確かめていったでしょうか。そのために、何について悩み考え学んでいったか、ていねいに読み進めていってほしいと思います。物ごとの考え方の幅を大きく広げていってくれるでしょう。

いじめでだれかが死ぬ前に

弁護士のいじめ予防授業

平尾潔《ひらおきよし》 著
山西《やまにし》ゲンイチ 絵

岩崎書店
2009年4月
1200円＋税

巻末には全国の弁護士会の子どもに関する相談窓口が載っています。

いじめられる側も悪い？

ご自身も子どものころいじめられていた、そしていじめた経験もあるという、いじめの問題に積極的に取り組まれている弁護士さんが書かれた本です。いじめの「予防接種」とめいうち、学校に出向いていじめをテーマにした出前授業をおこなっています。授業のテーマに選んだのは「いじめられる側も悪い？」というもの。この考えが一番やっかいだからだといいます。上から教えるのではなく、子どもたちが理解できるようにいろんな質問を投げかけながら、答えを導き出していきます。

子どもたちはみな、しだいに真剣なまなざしになり、自分の体験を涙をこぼしながら告白してくれる子どももいるそうです。

「相手を自殺にまで追い込む可能性があること、やっている側はそこまでの自覚を持たずにいること、そして、そんな危険な行為だから絶対にやってはいけないということ」

高校生

少しおとなになって考える

いじめを考える

なだ いなだ

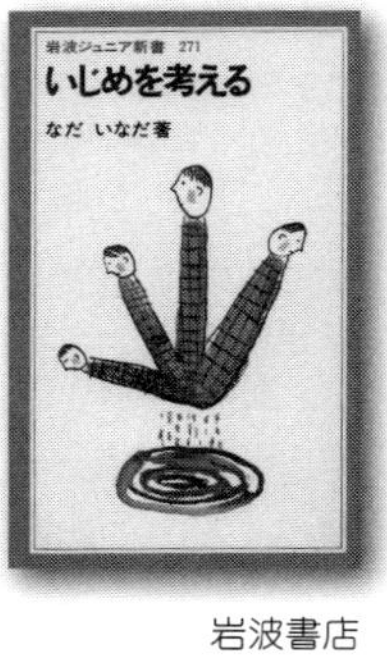

岩波書店
1996年6月
780円＋税

子どもの世界だけに残ったいじめ

昔からあった「いじめ」が、人権《じんけん》意識《いしき》の高まりとともに、おとなの社会では少なくなりましたが、学校という場になぜ残ってしまったのでしょう。著者は「いじめ」の定義《ていぎ》を歴史的に解き明かし、今日の「いじめ」問題をどう見たらいいのか、どうしていかなければならないのか、明快《めいかい》に示してくれている本です。（残念ながらこの本は発行が一九九六年であるために、少年法の改定、文部省《もんぶしょう》から文部科学《もんぶかがく》省《しょう》への変更など、時代の経過《けいか》により、校則問題、「いじめ」問題に対しての文科省の新しい見解《けんかい》・通《つう》達《たつ》、警察《けいさつ》の見解など、新しい情報と入れかえて読み進めていってほしいと思います。）

今日の「いじめ」問題を考えるとき、この一冊は基本文献《きほんぶんけん》にしなければならない本だと思います。暴《ぼう》行《こう》、虐待《ぎゃくたい》、セクハラ、いじめ、差別《さべつ》などとの関係をみごとに整理してくれています。

著者は一通の手紙を受け取りました。差出人は山田卓君、高校生です。「〈いじめ〉で名古屋近くの都市の中学生が自殺した事件があったが、手紙には、そのことで、ぼくと話をしてみたいと思っている。時間を割《さ》いてもらえないだろうか。」というものでした。

正月休みに山田君は、鎌倉《かまくら》の著者宅を訪ねていきます。鎌倉の町並みを散策《さんさく》しながら、「いじめ」問題を一つひとつ追究《ついきゅう》していきます。

その追求は、「昔に〈いじめ〉はあったか――〈いじめの定義〉」「昔にはどのような〈いじめ〉が……」「〈いじめ〉はどこへ行ったか」「そして学校だけに残った」「〈いじめ〉の心理」「増えているから問題なのか」「処方せん――〈いじめ〉をなくすために」のように、山田君は著者との対話をとおして「いじめ」問題を理解していきます。

「いじめ」とは、「自分より弱い立場にあるものを肉体的・精神的にくるしめること」（辞書より）。と紹介しています。

おとなの社会には「ハラスメント」として新たな枠組みで発生していることをどう考えたらよいのか、一般におとなの「いじめ」も深刻ですが？（40代・会社員・女性）

いじめの裏側に、「体罰」があるといわれていますが、その体罰の問題にふれられていないところが心配です。（30代・男性）

「いじめは学校だけに残った」は、見えなくなっただけで、おとなの一般的な社会の中でもいじめはあるのではないでしょうか。子どもの世界のいじめ、おとなの世界のいじめを分けて考える必要はないのでしょうか。（40代・自営業・男性）

君に伝えたい！学校や友達とのルール

義家弘介《よしいえひろゆき》

シーアンドアール研究所
2011年5月
1400円＋税

祈りにも似たこのおもいを君に

ＴＢＳのドキュメント番組「ヤンキー母校に帰る」が放映されて大反響。その後連続ドラマ、スペシャルドラマ、映画化され、義家さんは大活躍されました。著作も次々発表し、現在は参議院議員として活躍中です。義家さんの生い立ちは、「哀しい不良少年でした」、「高校からも追放され、同時に、生まれ育った家からも追われ、里子に出されました。」と記しているように、波乱万丈の少年時代を過ごされました。

当時、問題児は学校から除籍する、排除するというのが一般的でした。どれだけの子どもたちが非人間的な理由をつきつけられて除籍・排除されてしまったでしょうか。

日本の教育・学校教育のシステムの中で特記すべき学校が現れました。北海道の「私立北星学園余市高等学校」でした。全国の除籍・排除された問題児・不良少年たちを受け入れ、学校・地域をあげて、人間としてあたりまえの尊厳を認め、ごくあたりまえの教育を根気よく展開しはじめたのです。

先生たち一丸となっての取り組みは並大抵のものではありませんでした。義家さんはこの学校で学び、大学を卒業すると、余市高校の教師として戻ります。それが「ヤンキー母校に帰る」につながります。

これらの体験・経験をふまえた、第2章「これってイジメですか?」は、その問題提起と、考え方、解決方法を具体的に示してくれています。

いじめ問題に限らず、「親友がいないのですが」、「ケイタイを持っていないと友達ができない?」、「学校や先生が好きになれません」など、今日の少年・少女がかかえる問題に幅広く答えてくれる一冊になっています。

最後に、自分を大切にすること、友だちを思いやること、困難に負けず前に進むこと、多様な価値を認めるということ、「ありがとう」って気持ちを、ぼくらは大切にしていかなければならないと訴えています。

義家さんの原点は、決して揺るがないものになっている。そう感じました。貴重な体験を、日本の教育に役立てほしい！　そう願っています。(30代・会社員・女性)

学校は死に場所じゃない

マンガ『ライフ』で読み解くいじめのリアル

藤井誠二

ブックマン社
2007年7月
1200円＋税

もっと法律を教えるべきとき

マンガ『ライフ』（すえのぶけいこ著）は、小中高生に支持され、累計《るいけい》七百万冊※も売り上げたといわれています。この作品が提起している問題について、藤井氏は、今日の「いじめ問題」への厳しい分析を下敷きにして、『ライフ』が提起している問題にせまっています。

「『ライフ』は『闘え』というメッセージを発しているわけじゃないとぼくは思います。ほんとうは歩《あゆむ》みたいに闘いたい。ほんとうは未来《みき》のような友達がほしい。そんな心理を代弁し、それがいじめと直面する10代の気持ちと響き合っているんじゃないかと思うのです。」

と記しているように、小中高生が、なぜこれだけこの『ライフ』を読んでいるのか、誰もが知りたいところです。

『ライフ』を読んで、歩《あゆむ》に自己投影《じことうえい》している人、未来《みき》にあこがれている人、愛海《まなみ》の残酷《ざんこく》さや狡猾《こうかつ》さをドキドキしながら見ている人……いろいろな人がいると思いますが、ぼくは『ライフ』のストーリーのなかに勝手に登場させてもらったつもりでしゃべりたいと思います。」

のように、今日のいじめ問題のリアルを鋭く解き明かしています。

今日の小中高生の大半は、知識としての「いじめ」を、『ライフ』のようなマンガなどをとおして知っているようです。知っていて「いじめ」が絶えないのは、いじめ問題におとなの側があいまいだから、といえるのかも知れません。学校が、社会が、親があいまいである以上、子どもの世界でもあいまいのままから脱出できないでいるのかも知れません。

藤井氏は、『ライフ』には明らかに傷害致傷《しょうがいちしょう》事件や強姦未遂《ごうかんみすい》事件などが何回か描かれていることを指摘して、「暴力をともなうようないじめについては、ためらうことなく、学校は警察を介入させるべきである」とし、さらに今日の凄惨《せいさん》ないじめを抑止《よくし》するには、「もっと法律を子どもに教えるべきだ」、「いじめは犯罪であり、犯罪を犯したら法律によって裁かれる」べきと、主張しています。

※本書の記述より（二〇〇七年刊行時の数字です）。

今後、いじめを取りしまるための法律に、おとな社会と同じ刑法をもちいるようになると聞きました。子どもの世界に刑法がそのまま使用されることには、どうしても違和感を覚えます。そんなことをしたら学校は、めんどうな事件はみんな警察へ、ということにならないのでしょうか。学校とか、教育とか、本来の意味を投げすててもよいといっている気がしてなりません。（30代・会社員・女性）

いじめの光景

保坂展人

集英社
1994年1月
480円（税込）

学校問題の経過の中で「いじめ」問題を考える

保坂展人氏の人生の大半は日本の学校問題とともにあったのではないかと思われます。早くから中高生の、それぞれの時代の悩みに耳をかたむけ、相談を受け、的確な指針を与えてきたといってもいいでしょう。

青生舎でのテレフォン・メディア「トーキング・キッズ」（一九九〇年）から始まり、保坂氏のところには、全国の中高生から、学校問題にかかわる生の声や手紙や記録が圧倒的な数量で寄せられてきました。この『いじめの光景』では「いじめ」問題だけを中心にひろい出して、その問題点を紹介し論じています。

学校問題は「いじめ」だけが問題なのではありません。一九八〇年頃の校内暴力事件の多発。一九八二年頃の体罰容認ムードの広がり。一九八三年頃からのいじめの訴えが多くなり、やがて潜在化。そして校則漬けの管理教育を背景にいじめの広がり。一九八六年、鹿川君事件。一九九〇年、子どもの権利条約と校門圧死事件が学校の管理を問い直す。……というような学校問題の中での「いじめ」問題であることを、保坂氏の活動は示してきています。その実績をふまえての『いじめの光景』と『続・いじめの光景』です。

『いじめの光景』では、

「いじめを訴える声の渦」
「『鹿川君事件』を追う」
「いじめの風景」
「いじめが消える日」

の章とつづき、最後に「いじめ対策への提案」でしめくくっています。

『続・いじめの光景』は、前書の出版と同時に、読者から続々と手紙が寄せられ、それらの問題に答えながら、いじめの発生する学校と社会の暗部に踏みこみ、いじめを根本から「溶かす」法を提案しています。

『続・いじめの光景　こころの暴力と戦う！』（集英社・一九九五年）

「『いじめの光景』に寄せられた手紙から」、「『いじめと戦う』ライブ・インタビュー」、「手紙をいただいた読者への19の質問」とつづき、終章では、「文部省と学校への提言」も必読にあたいします。第四章の「いじめを超える！　イギリスの試み」は、ノルウェー、フィンランドなどのいじめ問題への取り組みと合わせて、保坂氏のこのイギリスのいじめ問題の取材ルポは、日本の「いじめ」問題への取り組みにとって学ばなければならない点が多いように思えます。

なぜ、人は平気で「いじめ」をするのか？

透明な暴力と向き合うために

加野芳正

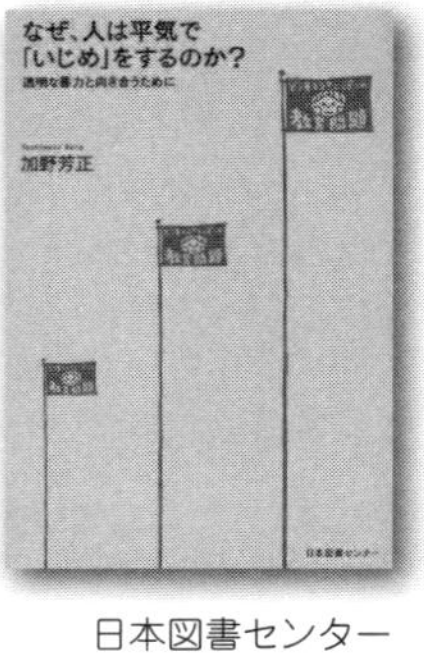

日本図書センター
2011年9月
1500円＋税

いじめを考えることは――人としての生き方を考え、他者とのかかわり方を考えること

「本書はいじめにどう対応するかというよりも、そもそもいじめとは何か、いじめはなぜ発生するのかを考察」しています。

第一章はいじめ問題が一九八〇年半ばから深刻な教育問題になったプロセスを考えています。第二章では新しいいじめとして「ネットいじめ」について、第三章ではそもそもいじめとは何であるのか、第四章ではいじめはなぜ発生するのか、第五章では学級といじめについて、第六章ではいじめ報道についてが述べられています。

ちなみに「広辞苑」にいじめという言葉が登場したのは、一九九一年発行の第四版からです。第三版の発行は一九八三年で、それまではいじめるという動詞はありましたが、「いじめ」という名詞はなかったのです。

文部省の指導要領「小学校生徒指導資料3　児童

の友人関係をめぐる指導上の諸問題」一九八四年三月に「問題行動〈いじめ〉の態様と背景」が見られます。初めていじめという言葉が使われました。八五年六月には「児童生徒のいじめの問題に関する指導の充実について（通知）」が出され、「児童生徒の問題行動に関する検討会議緊急提言――いじめの問題の解決のためのアピール」が出されました。そして十月には「いじめの問題に関する指導の徹底について（通知）」が出されています。行政側のあせりが感じられます。

背景には一向になくならない「いじめ」問題があります。いじめを考えるとき、そもそもいじめとはなにか、いつから言われるようになったのか、考えればわからないことばかりです。そんなことを考えている間もなく、さまざまないじめ問題が起こり、その対応に追われているのが、おおかたのところではないでしょうか。いじめ自殺が起こり、マスコミが取り上げると、いじめ問題がクローズアップされますが、なんら、抜本的な解決をみないうちに次のいじめ問題が起こるというのが実情です。いったいどうして？　という疑問はかき消されてしまいます。

いじめる
苛める――弱いものを苦しめる。さいなむ。
いじめ――いじめること。特に学校で、弱い立場の生徒を肉体的または精神的に痛めつけること。

文部科学省の「いじめの定義」
「いじめ」とは、「当該児童生徒が、一定の人間関係のある者から、心理的、物理的な攻撃を受けたことにより、精神的な苦痛を感じているもの。」とする。なお、起こった場所は学校の内外を問わない。
この「いじめ」の中には、犯罪行為として取り扱われるべきと認められ、早期に警察に相談することが重要なものや、児童生徒の生命、身体、又は財産に重大な被害が生じるような、直ちに警察に通報することが必要なものが含まれる。これらについては早期に警察に相談・通報の上、警察と連携した対応を取ることが必要である。

わが子をいじめから守る10カ条

武田さち子

WAVE出版
2007年6月
1300円＋税

「優しさ」の種をまき続けたい

優しい心が一番大切、そんな思いをみんなが持つことができたら、きっといじめのない学校・社会をめざすことができるはずです。

著者は、「自殺した子どもたちは弱かったのではなく、優しかったから、受けた暴力を人に返したりせず、自分のところで止めたのだと思います。その子どもたちが残してくれた、相手を思いやることのできる『優しい心』があれば、いじめはきっとなくせると思いました。」と思いを語り、いじめを「生きる力を奪う心と体への暴力」ととらえ、いっこうに克服できないでいる「いじめ」事件を憂い、「せめて、親は子どもの味方」であってほしいという立場から、「わが子をいじめから守る10カ条」を示してくれています。

わが子はいじめられているのではないか？　わが子はだいじょうぶのはず？　などと少しでも思い感じることがありましたら、ぜひ読んでほしい一冊です。

ここでは、第2部の「わが子をいじめから守る10カ条」のテーマのみを紹介します。

1条　子どもに「がんばれ」と言わない
2条　いじめられている子どもの身になって考える
3条　教師はいじめのキーパーソン
4条　「親子の信頼関係」を過信しない
5条　子どもの命の危機を見逃さない
6条　不登校や転校で安心しない
7条　今のいじめは想像を絶すると知る
8条　いじめによる心の傷を甘くみない
9条　「やられたらやり返せ」と言わない
10条　子どもを加害者にしない

「暴力を許さない社会を大人たちがつくることが、他人の子どもへの暴力だけでなく、自分の子どもへの暴力も防ぐのだと思います。」と著者は「おわり」で述べています。

子どもに言ってはいけない言葉

・「あなたにも悪いところがあるんじゃないの」「やめてって言ったの?」と**責める言葉**
・「強くなれ」「やられたらやり返せ」とできないことを**要求する言葉**
・「気のせいじゃない」「思い過ごしじゃないの」「そんなことぐらい」と**取り合わない言葉**
・「まさか」「本当なの?」「信じられない」と**疑う言葉**

いじめをなくすために活動する団体
NPO法人「ジェントルハートプロジェクト」
http://www.gentle-h.net/index.html

「日本のこどもたち」
http://www.jca.apc.org/praca/takeda/
武田さち子／主宰

夜回り先生　いじめを断つ

水谷修

日本評論社
2012年10月
1400円＋税

いじめはなくせる

著者は横浜の夜間定時制高校で一九八三年から二十二年間教師をしていました。在職中から子どもたちの非行防止や薬物汚染防止のため、夜回り（深夜パトロール）をはじめ、電話やメールによる相談をおこなっています。

ひとりで何ができるかという人もありますが、ひとりから動き出さなければ何事も始まりません。現にいじめられている子どもやその親たちにとっては、著者はたったひとりの強い味方であり、駆け込み寺ともなってきました。

「私は、今、いじめの問題についてマスコミで報道《ほうどう》されたり、テレビなどで発言している教育の専門家を自称する人たちの見解に、大きな違和感を抱いています。――政府や県、市の、いじめに対する考え方や対処にも、強い違和感を覚えています。みんながいじめについて、その本質を何も知らないままに動いている。そう感じています」

と語る著者は、すべてのいじめを断《た》つことができる、と考えてこの本を書いたといいます。いじめは人権侵害であり、いじめによる暴力や恐喝《きょうかつ》は犯罪である。犯罪には警察の力を借りなければならない。——と論理は明快です。

そして子どもたちが、考える力、生きる力を失って、ストレスのはけ口としていじめに走っていること、その結果、いじめられた子は、人間不信から不登校や、引きこもりとなり、自死にまでいたることをのべています。そして最後に〈いじめにどう対処するか〉を語っています。

それは「いじめられている君へ、いじめに気づいている君へ、今だれかをいじめている君へ、すべての親へ、学校関係者へ、関係機関の人たちへ、すべての人たちへ」と関係するすべての人たちに言及《げんきゅう》して終わっています。

子どもたちや学校現場を知り尽くした著者の、ともかくいじめをなくさなければならないという熱い思いが伝わってくる一書《いっしょ》です。

著書に『夜回り先生』『夜回り先生と夜眠れない子どもたち』（ともにサンクチュアリ・パブリッシング・二〇〇四年）『夜回り先生こころの授業』（日本評論社・二〇〇五年）『夜回り先生いのちの授業』（日本評論社・二〇一一年）ほか多数。

いじめは、たとえ悪口や陰口であれ、その行為に、相手を傷つけようとする意図があれば、相手の心に一生消えない傷を残す可能性のある人権侵害です。それを、普段からきちんと教えることが学校と教員の義務です。そして、そのような事態が起きないように、クラスを運営することが、学校と教員の仕事です。

ナイフ

重松　清

新潮文庫刊
2000年7月
662円（定価）

いじめをテーマにした短編集

「ワニとハブとひょうたん池で」

　ある日突然ハブ（村八分）にされた中学二年生のわたしは、親や教師にも言えず、じっと我慢しています。そのころ「近くの公園の池にワニがいる」という噂がひろがります。ワニのえさになってもいいやと、投げやりに思う日々が続いていました。そして次のハブが決まったときみんなを公園の池に呼び出します。わたしは誰ともつるんだりしない、独りぼっちのハブでいいと決める私に、ワニが加勢をするように現れ、みんながあわてて逃げ出します。以来高校に入るまでわたしは孤高のハブを続けるのです。いじめる側には回らないというわたしの決意が快い結末になっています。

「ナイフ」

　真司は、スポーツが得意で、リーダーシップがあって、友だちがたくさんいる、そう思っていました。その真司がいじめにあっているといいます。しかも必死で強がって、それを親に隠しています。親のわたしは臆病な少年でした。今でも家のローンの残額と定期預金の額を比べ合わせるしがないサラリーマンです。はらはらしながら、ともかく子に寄り添おうとする親の決意が描かれます。かっこよくはないが、できることはそれだと考えた父の姿が頼もしく、「生きることに絶望するような悲しみや苦しみには、決して出会わないように」とそれだけをわが子に望んできた父親の小さな決意が心を打ちます。

「キャッチボール日和」

二学期が始まって大輔君は一日も学校に来ていません。七時になるとお腹が痛くなり、学校を休むと治ってしまうのだといいます。転校したらいいのに、野球部で活躍したおじさんが逃げちゃダメだと反対しているのだと言います。父親の望みのようには育たない男の子を、ふがいないと思いながら、いじめはとめられません。それでも生きることはやめない！と。

「エビスくん」

六年の二学期にエビス君が転校してきました。背丈も大きく、体つきもがっしりしています。先生はエビス君をぼくのとなりに座らせて、何でも聞きなさいと言います。ぼくの妹のゆうこは七歳で、何万人にひとりという難病で入院中です。エビスさんは商売繁盛の神様だから、エビス君は神様の親類かもしれない、それならお願いしたいことがあるとゆうこは言います。

転校生のエビス君は乱暴もので、「親友な、おれら」といいながら、いつもぼくはいじめられています。クラスのみんなは誰も助けてくれません。それでもぼくはエビス君のことが嫌いではないのです。エビス君が強いからです。そしてゆうこの病院にエビス君が来てくれます。やがてエビス君はまた転校していき、元気になったゆうこは結婚しました。エビス君、今どこにいますか、なつかしい。

ほかに「ビタースイート・ホーム」収録。

3月のライオン

羽海野《うみの》チカ

白泉社
2008年2月〜
467円＋税〜

味方をしてくれる人がいるということ

この漫画は、高校生にして将棋のプロ棋士桐山零《きりやまれい》がいろいろな人との出会いを通じて成長してゆく物語ですが、中盤《ちゆうばん》ではいじめ問題についてていねいに描かれています。

桐山零が世話になっている三姉妹の次女、ひなたがいじめにあっている友だちをかばったことから次の標的にされてしまいます。

「私のしたことはぜったいに間違ってなんかない」と泣きじゃくりながらいい切ったひなたのことばに、桐山は救われます。なぜなら彼も複雑な家庭環境ゆえに孤立し、小学校では気配を消して過ごしていたからです。小学生の頃の桐山に、時空を超えてひなたが手を差し伸べるシーンは印象的です。

ひなたが、いじめを受けていることを打ち明けたとき、祖父は友だちをかばった勇気を褒めたたえ、ひなたの行動を肯定します。母親代わりの長女あかりは「正義なんてどーでもいいから逃げて欲しかった」と思わず本音を桐山に吐露《とろ》しますが、何があってもひなたの味方でいようと決意をあらたにします。

家族に自分がいじめにあっていることを話すのは勇気がいることだと思います。

家族だけには知られたくない、心配をかけたくないと俗にいう良い子ほど、そんなブレーキをかけてしまうことが多いと聞きます。

ただ、なにがあっても最後まで自分の味方をしてくれる存在がいることは、ひなたにとって救いであったと思います。

結局、このいじめは学校側の本気の介入によって収束します。いじめグループの表面上だけの謝罪《しやざい》に、漫画でありながらもこれで解決とはいい切れず、いじめ問題の闇の深さを感じずにはいられません。

ジェッツコミックス　現在第8巻まで刊行

〈あらすじ〉

十七歳にして将棋のプロ棋士、桐山零。彼は幼い頃、事故で家族を失い、深い孤独を抱えた少年だった。そんな彼の前に現れたのはあかり・ひなた・モモの三姉妹。彼女たちと接するうちに零は……。さまざまな人間が、何かを取り戻してゆくやさしい物語。

ヘヴン

川上 未映子

講談社
2009年9月
1400円＋税

暗たんとした学校生活

小学校から一緒だった二ノ宮とその取り巻きにすさまじいいじめにあっています。

二ノ宮は学年でスポーツが一番できて、成績も優秀で、端正な顔つきで、クラスの中心的な存在です。

ぼくは斜視ですさまじいいじめにあっています。ぼくのクラスにはもうひとり、いじめにあっているコジマという女の子がいます。ある日ぼくはコジマから「私たちは仲間です」という手紙をもらいます。

ぼくたちはそれから、手紙を出し合います。ぼくはその手紙をたいせつになんども読み返しています。二人は会って、話をします。それがまたあらたないじめを呼ぶことになるのですが。

コジマは汚い、くさいといわれていじめにあっているのですが、それは別れた父――一生懸命に汚いカッコウで働く恵まれない父への証のために、そうした格好をしているのだといいます。

そして「私たちは本当はいじめている人たちより強いのだ」といいます。なぜなら彼らから逃げないで、いじめに耐えているのだからと。

ある日ぼくは思い切って、いじめをしている子に「なぜぼくをいじめるのか」と聞いてみます。「何も理由なんかない、誰でもいいんだ」と彼は答えます。「いじめることで胸が痛んだりしない、したいからしているだけで、相手のことなんか何も考えていない、きみもしたければすればいいんだ」と。

いじめでできた傷の治療に行った病院で、ぼくの斜視は簡単な手術で治せるといわれます。コジマはぼくの斜視の目が好きだといっていますが、ぼくは手術をします。

手術後、初めて眼帯をはずし、両目で世界を見て、ぼくはびっくりします。木々は輝き、潤い、それまでより世界はずっと奥行きを持って見えるのです。まるで別の場所にいるようです。ぼくはこのとき別の地平に立ったのだと思います。

いじめられている子の内面を描いています。いじめのすさまじさに唖然としますが、殴られ、けられ、時に死を考えながら生きている子の暗たんとした学校生活がこれでもかとばかり描かれます。それでも学校に通い続けるのは、なぜなのかと思います。

かたやいじめる側には、何の反省もありません。ただ興味本位に面白がっているだけ。何の痛みも感じていません。こんなことがあるのだろうか、と思いつつ、あるのだろうな、そうでなければこんなすさまじいいじめができるわけがない、と思わせられる小説です。

「あの子たちは、……本当にね、なにも考えてないのよ。ただ誰かのあとについてなにも考えずにその真似をして、それがいったいどういう意味をもつことなのか、それがいったいなんのためになるのか――わたしたちはね、そんなこと想像したこともないような人たちのね、はけぐちになってるだけなのよ」

尾木ママと考える いじめのない学校と いじめっ子にしない子育て

尾木直樹 著
協力・臨床教育研究所「虹」

ほんの木
2012年12月
1500円＋税

尾木ママ・いじめ解決のための緊急提言

共同通信が七月四日に「自殺した被害者の同級生らに自殺練習を強要されていた」と、大津市教育委員会が認めたと配信した直後から、尾木ママブログ「オギ☆ブロ」へのアクセスが急増し、十日でおよそ三百万件以上にのぼったと記しています。

尾木ママのテレビ出演などで、「いじめ」問題に関して、歯切れのよい解説や論戦が支持されての結果だったろうし、身近な問題として、不安をかきたてられた国民的関心事になっていたからでしょう。

本書の冒頭は、緊急提言「子どもたちを絶対に救いたい！ 大津いじめ事件から学ぶこと」を掲げており、総括的な問題提起になっています。

学校・教育委員会のアンケート調査の隠蔽《いんぺい》問題などのほかに、「今回の大津いじめ事件で以前と違うのは、警察が介入したことです」と指摘しています。

文部科学省の通達とあわせて、今後の大きな課題になっていくのでしょうか。

「もし、子どもがいじめられていたら」の章では、四つのポイントで強調しています。「親はわが子の最大の味方、どんなことでも守りとおす」「学校が危険なら一時、緊急避難として学校に行かない」「共感の相槌を打ちながら、子どもから実態を聞き取る」「学校に相談しても進展がなければ外部の専門家に相談」というような提言は、現実的だと思います。

「いじめの加害者も被害者もいない学校環境づくりで大切なこと」の章では、今日の学校の悲しい現実をふまえて、「学校の質を大切にする、人権と愛とロマンのアドバルーンが高く上がっている学校が理想です」と述べています。

もう一つの緊急提言は、リヒテルズ直子さん（オランダ社会・教育研究家）の、「画一教育・競争社会では『いじめ』はなくならない」では、「子ども社会は、大人社会を映し出す鏡」と述べ、おとなへの落胆と、無策をきびしく批判しています。

「いじめない」子育てと教育のために、
家庭や地域で改めて考えたい9つのポイント
（本書十五ページから）

①家庭が子どもにとって安心できる居場所になっているか。
②いじめの加害者、被害者の家庭が地域で孤立していないか。
③ＰＴＡと学校との関係、ＰＴＡと学校が子どもや親の味方になっているか。
④家族の関係が希薄になっていないか。
⑤いじめを容認、助長するゲームソフトを乱用していないか。
⑥ケータイやパソコンの無規律な使用を容認していないか。
⑦子どもを丸ごと受容できているか。
⑧子育てや教育、なんでも学校に頼りすぎていないか。
⑨家庭教育において父親が不在になっていないか。

一つひとつ考えてみて、どんなことを思いましたでしょうか。

いじめ自殺

12人の親の証言

鎌田慧

岩波書店
2007年2月
1000円+税

このままじゃ「生きジゴク」になっちゃうよ

全国のいじめで自殺した子どもの親十二人からの聞き書きです。子どもに死なれた親たちのほとんどが自分の子どもがいじめられていたことに気がつかず、いったい何があったのか、まずは事実を知りたいと思います。しかし学校側は、子どもたちの書いた追悼文すら見せてくれません。事実を調べた「事故報告書」も、教育委員会に開示請求をして、ようやく手元に来たときには、真っ黒に消去されていて、必要な事項は何もわかりません。

遺書がなければ、いじめの事実がなかったといい逃れする学校、保身と事なかれ主義、事実の隠蔽すら続ける学校と教師への不信が芽生えてきます。

そのうえ、子どもをいじめで奪われた親たちへ、地域からのバッシングさえ起こるのです。自殺するような弱い子を育てた親が悪い。うちの子が入試にすべったらどうしてくれる！ 真夜中に無言電話が掛かってきたりします。地域社会から今度は親たちがいじめにあっています。

ここに登場するすべての親は、わが子を自殺から助けてやれなかったことを悔いて、今後このようなことがないようにと行動を始めています。わが子が自死してから、八年もたってもまだ事実の解明さえなされていません。学校側が事件のもみ消しや、姑息な手段で、責任逃れをしているからです。借金までして裁判に持ち込んだ親もいます。裁判が始まってからどこにも遊びに行ったことはないといいます。真面目だったり、いいことをする子がはじき出されていじめにあったりします。そのように育てた自分たちが悪かったのかと、たまらない気持ちになります。

「いじめは大人社会の反映で、効率至上主義が呼ぶ人間性の荒廃から来るものである。」と著者は最後に結論づけ、優しい人間関係をつくることがいじめと自殺を防ぐための一つの方法だと結んでいます。

それでも、子どもを奪われたうえ、地域からも孤立していく親たちには、訴えたい悲痛もまた深かった。この人たちが悲嘆のどん底で視《み》た、学校、教育委員会、そして地域の親たちの身勝手な姿は、現代日本の平均的な姿であり、それがまた子どもたちを死に追いこんだ実態そのものでもあった。

わが子のいじめ自殺でわかった今、子どもたちと教師に起きている本当のこと

小森美登里

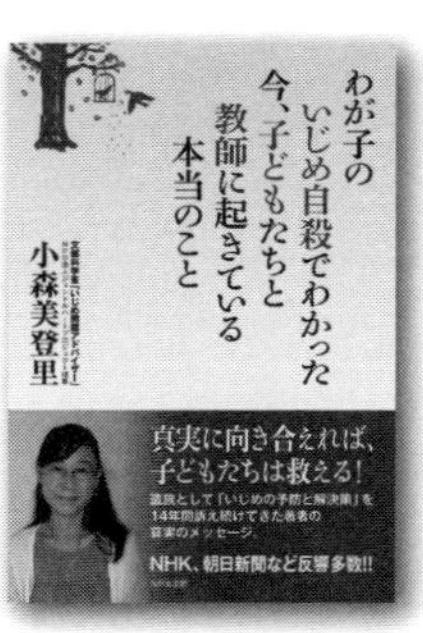

WAVE出版
2012年12月
1400円＋税

優しい心が一番大切だよ

著者の一人娘の香澄さんは高校生になったばかりの一学期の終わりに自死しました。希望して入った吹奏楽部でのいじめが原因でした。

十五年前のことです。本書はその間、娘の死の原因を考え、調べ、できるだけのことを続けた、残された親の記録でもあります。

始めは絶望し、混乱し、受け入れることの出来なかった娘の死を、優しい心を無駄にしないためにと、行動を起こしていくまでの記録です。

事態を調べるため、学校へ出した質問書への返事はなかなか返ってきません。最初は好意的に話してくれた教師や親たち、子どもたちすら、だんだん口を閉ざすようになっていきます。そればかりか、著者への悪口すら広まります。本書の半分程のページは、その返事を待っての一向にはかどらない事態の記録に費やされています。余りの遅さに読むほうすらいらいらするほどです。

その学校への失望と不信が提訴に踏み切らせま

す。学校への怒りと落胆、保身に走る教師たちの姿が痛ましく描かれます。またこうした事件で子どもをなくした親たちには、「生きているだけでほめてやりたい」と実感を持って語られます。

やがて著者は、香澄さんの死を無駄にしないためにはどうしたらいいのかを考え、いじめや暴力のない社会を創らなければならないと、二〇〇三年に、NPO法人「ジェントルハートプロジェクト」をつくりました。以後心と命の尊さを訴える活動を続けています。

ほかに『いじめの中で生きるあなたへ』などの著書があります。

※本作は『優しい心が一番大切だよ　ひとり娘をいじめで亡くして』（WAVE出版・二〇〇二年）に、大幅加筆訂正したもの。

人を傷つけても良い権利を持って生まれた命は1人もいない、いじめられる側の理由は探さなくてよい、いじめは「いじめ被害者問題」ではなく、「いじめ加害者問題である」と私は考えています。

ネットいじめ

ウェブ社会と終わりなき「キャラ戦争」

荻上チキ

PHP研究所
2008年7月
740円＋税

ネットいじめはネットゆえにおこるものではなくて、やはり現実の人間関係を引きずっている

二〇〇七年、神戸で起きた高校生のいじめ自殺事件で、「学校裏サイト」がいじめの温床となったことが報じられました。

学校裏サイトとは、学校の正式なサイトとは別に生徒や卒業生が立ち上げたホームページのことで、本来は生徒同士の情報交換が目的です。

神戸の事件では、自殺した少年の個人情報や、裸の写真、実際に暴力を受けている動画などが掲載されており、マスコミからセンセーショナルに取り上げられました。事件以後、ネットは〈子どもにとって有害なもの〉という一般認識が定着します。

「ネットいじめ」は、ネットが持つ、いままでにない社会的機能と、これまでの学校文化が融合した新しい現象だと本書は述べています。

特に、ネット上で「キャラクター」の属性を固定化する＝自らを演じることが、今の人たちにとって不可欠な処世術であること。そして、その属性をうまく設定できなかったとき、いじめの対象になりうる――著者の興味深い分析です。

現在、政府はいじめの温床になりやすい「学校裏サイト」や掲示板（BBS）にはできるだけ近づかないように呼びかけるとともに、有害なサイトは閲覧できないようにするフィルタリング機能などをPCや通信端末に導入するなど、青少年が危険なサイトに接続できない（無菌化）対策を推進しています。しかし著者はこの取り組みに異論を投げかけます。

ケータイやスマートフォン、パソコンなど、これだけ情報技術が発達して、個人が密接にインターネットとつながることのできる今の社会では、そもそも都合の悪いものを遠ざけて「臭いものに蓋」をするというやり方自体が間違っているのではないか。現在の情報技術がいじめを助長しているのは事実だけれども、ならばおとなであるわたしたちが、これまでの分析や経験をとおして、若い世代にふさわしい使い方をアドバイスしていくべきだと荻上氏は主張しています。

インターネットを使ったいじめは、残念ながらこれからも形を変化させながらネットの中で繰り返されていくでしょう。

ひとつわたしたちが考えなければならないことがあります。それは、ネットいじめはネットゆえに起こるのではなく、現実の人間関係をネットでも同様に引きずっているということです。

インターネットでは、自分の素性を明かさずに意見を自由に述べることができます。だからこそ、ネット上ではいつもとは違う自分、自分の理想とする分身をつくりあげることができるのでしょう。ただ、ネット上の自分も、いつもの自分も、ほんとうの意味で使い分けることはできないのです。あなたはあなた自身なのです。

少なくとも、解決のための一歩はあなた自身が勇気をもって踏み出すしかないのです。

発達障害といじめ

〝いじめに立ち向かう〟10の解決策

キャロル・グレイ 著
服巻《はらまき》智子 訳・翻案・解説

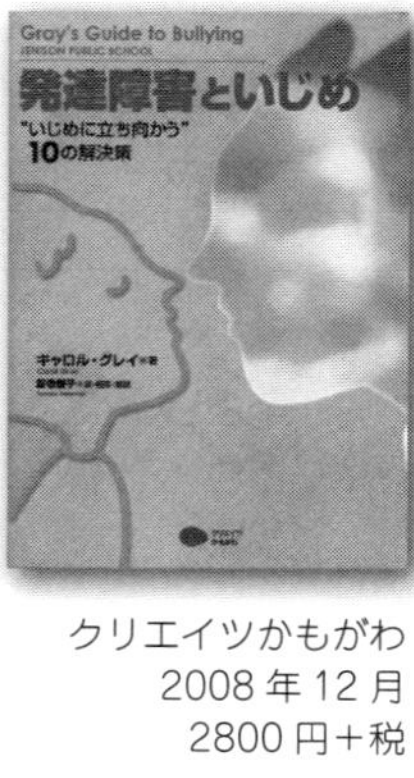

クリエイツかもがわ
2008年12月
2800円＋税

〝いじめに立ち向かう〟10の解決策

本書は著者キャロル・グレイが、北米ジェニソン郡教育委員会とその学校群、「社会性の学習と理解のためのグレイセンター」の共同プロジェクトによってできた本です。いじめの対象になりやすい発達障害の子どもたち（ＡＳＤの子どもたち）にスポットを当て、いじめ防止のための10の具体的な行動計画を提案しています。この10の具体的解決策は、一九九八年に発表された後、アメリカを始めとする英語圏の国々で実践され、教育現場でその教育効果と、いじめ撲滅の効果が確認されていると紹介しています。

この書の中心をなしている第2部の「〝いじめに立ち向かう〟10の解決策——いじめ防止プログラムの実際」のテーマを紹介します。

①いじめの地図を描く
②「いじめは絶対いけない」と強く信じる子どもを増やすこと
③その子のためのいじめ対策チームを立ち上げる

④いじめを封じ込めるのではなく、とことん見つけ出すこと！
⑤すぐに報告する習慣をつける
⑥大人の姿勢の見直し
⑦本音と建て前の両方を教える――「だれもが友だちというわけではない」それでOK！
⑧いじめ防止プログラムの実際
⑨自尊心を育てる
⑩大人の責任といじめ防止の個別化――10色のクレヨンのたとえ

第1部では、いじめの定義、いじめの類型、いじめのターゲット、いじめる子の特性、ASDの特性といじめとの関連などを、わかりやすく説明してくれたうえでの10の具体的解決策の提案になっているので、日本の「いじめ」問題解決のために、すぐに役立てられる内容になっていると思われます。

編訳者の服巻智子さんは、「おわりに」で、「いじめ、虐待、暴力、戦争は、その根底でつながっている。いじめの問題は、心の教育の問題であり、健全な国民と国家の品位にかかわる非常に大きな課題である。」としめくくっています。

なお、「いじめに立ち向かうワークブック」も別冊で二冊があります。

『いじめに立ち向かうワークブック』（キャロル・グレイ著／服巻智子訳・解説）

①小学校低学年用

②小学校高学年・中学生以上用

いじめっ子にしない、いじめられっ子にならない簡単な方法

ウィリアム・ヴーア 著
加藤真樹子 訳

ＰＨＰ研究所
2001年5月
1100円＋税

アメリカのいじめ対策

著者はアメリカ・インディアナ州でいじめ防止のためのワークショップを開催している臨床ソーシャル・ワーカーです。同地で心理相談室も開いています。この本は、アメリカのいじめ対策の実践的方法の紹介本です。「まえがき」でも、「子供たちが自信を持ち、必要な時は自己主張をし、怒りや苛立ちをうまくコントロールし、平和的に他者と関わっていくことを教えます」と記しているように、子どもの行動をどう変えていくか、豊富ないじめ対策法を示してくれています。

参考になると思われるのは、「いじめられっ子」と「いじめっ子」の対策マニュアルを、それぞれ独立させて示してくれていることです。

「いじめられっ子対策マニュアル」では、「子供がいじめられているのは、どうしたらわかる？　いじめについて子供と話しあう、子供がいじめに打ち勝つためには、いじめられっ子の弱点を克服する、手段を選ばず親は子を守れ」とのメッセージを送って

います。

「いじめっ子対策マニュアル」では、「子供がいじめているのは、どうしたらわかる?、いじめっ子の弱点を克服する、子供に教える怒りとの上手なつきあい方」というように具体的です。

ここでは、「いじめっ子」についての対策について、ほかではあまり論じられていないように思われますので、いじめている子をどうしたら発見できるかの項目をあげていますので、ためしてみてはどうでしょう。

☆人をけなして楽しんでいる☆人の気持ちを傷つけても平気でいる☆警察などをバカにする☆異性をバカにする☆レイプや暴力に関するジョークを言う☆ケンカを楽しんでいる☆「すべて自分のおもいどうりになる」と思いこんでいる☆人の過ちを許さない☆トラブルから逃れようとして時々ウソをつく☆規則なんてバカバカしいと思っている☆犬や猫、鳥などの動物をわざと傷つける☆人は信用できないと思っている☆不安を感じているのに認めない☆他の子たちをバカにする。

当てはまる項目が多いほど深刻な「いじめっ子」ということになります。

※現在、絶版となっております。

いじめにあっている時の警告サイン
・いつもの行動と違う
・学校に行くのをいやがる
・理由のわからない成債の低下
・服が破れている
・理由のわからない頭痛、腹痛など
・頻繁に目を覚ます、またいつもより長い時間眠る
・学校の同級生その他のグループを避ける
・以前は喜んでしていた活動に関心がない
・悲しそうで憂うつそうな表情を見せる
・学校で何があったか話したがらない

福祉先進国スウェーデンのいじめ対策

高橋たかこ

コスモヒルズ
2000年7月
1800円＋税

この国でも七人にひとりがいじめで悩んでいる

福祉先進国スウェーデンでさえ七人にひとりがいじめにあい、一年間で十五歳から十九歳までの青少年のうち約五十人が自殺しているということです。北欧、ヨーロッパ、アメリカでもいじめ問題は深刻で、その対応にそれぞれの国が追われています。ここではスウェーデンのいじめ対策にしぼって紹介します。

ソーダルテリア市では、「自殺を防ぐために自殺予防プロジェクトを作成した。原因はいじめにあり、自殺者を減らすためには、いじめ予防対策にまで延長させたプロジェクト」を組織することになります。

それは、

①先生を含む学校の職員に対して、いじめ予防対策がいかに重要であるかを知らせること。

②実際にいじめ予防対策はどうしたらいいかというノウ・ハウと知識の普及をすること。

③いじめ対策に関しては、学校、ＰＢＵ（子ども・

青少年精神看護委員会）、福祉サービス、警察、PTA間の協力を深めること。

を骨子にして、最初に「校長・児童・生徒、看護からの代表（校医、看護アシスタント、ソーシャルワーカー）と、成人向けの精神科医、それからPBUのソーシャルワーカー、警察、児童福祉からの代表がチームをつくり」、いじめ予防策の指針づくりの「いじめ会議」へと発展させていっています。

このプロジェクト結成後、「いじめ対策アドバイスグループ」を設立し、その活動を発展させていっています。また、日本にはない「フレンドサポート制度」についても紹介しています。

「いじめ予防対策として小学生には生徒フレンドサポート制度があり……中学生の六百五十人には、男性二人、女性三人からなるフレンドサポート制度」が導入されています。

また、「ファーシュタ・メソッド（緊急時の方法）」など、具体的ないじめ問題への対応は、日本でも参考になるものばかりです。

キーワードは学校デモクラシー

いじめの問題については、生徒の参加なくしては絶対に不可能だと思う。生徒・学生の参加は、「学校デモクラシー」の一環である。このほかにも、学校予算の分配、どのような教育方法を採用するかという重要な決定にも、生徒や学生たちが参加してこそ、本当の学校デモクラシーが確立すると思う。

いじめ問題ハンドブック

学校に子どもの人権を

日本弁護士連合会 編著

こうち書房
1995年6月
971円＋税

「子どもの権利条約」といじめ問題

日本弁護士連合会の「子どもの権利委員会」が中心になって、その体験・実践の到達点と反省をふまえて、弁護士の立場から「いじめ」についての実践的ハンドブックをまとめたとしてありますが、一九九五年の発行ということもあり、今日ではもっと別の見解が示されているのかも知れません。しかし、「子どもの権利条約・国際準則と『いじめ』」問題については、この本で紹介しているどの本でもふれていないので、ここで紹介しておきたいと思います。

「一九九四年五月二二日発効した子どもの権利条約は、子どもの『人格の完全なかつ調和のとれた発達』（同条約前文）に向けて、子どもの権利が『子どもの最善の利益』をめざして、あらゆる場で実現されることを求めている（三条、九条など）。子どもの権利条約を学校に真に定着させることが、いま何よりも求められている。子どもの権利条約が保障している各種の権利を実施する視点から、『いじめ』と子どもの権利条約との関係をみておく」

として、

・「いじめ」と学校と「子どもの権利条約」およびリヤド・ガイドライン

・「いじめ」と家庭と「子どもの権利条約」

の二項にわたって詳細に問題提起し、解説してくれています。学校は「いじめ」から子どもを守る義務を負っていることや、「学校は、公正な方針や規則を定めるようにしなければならない。懲戒規則を含む学則の制定や決定手続きにおいては、生徒の代表が存在しなければならない」と決めていることなど、今日の「いじめ」問題について、この《子どもの権利条約》と一つひとつ付き合わせて考えてみる必要がありそうです。たとえば次のような指摘です。

「現在子どもたちは自分で支配できる時間と空間を奪われている。厳しい受験戦争に落ちこぼれまいとの親の思いから通わせられる塾通いと、その長時間化により、子どもたちはおとなたち以上に余暇の時間を奪われ、文化・芸術への参加の時間や遊びの時間を奪われ、さらに不可欠である睡眠の時間までをも奪われるという過酷な状況に陥っている。これは子どもの権利条約の『休息・余暇・遊び、文化的・芸術的生活へ参加権』（第三一条）に明らかに反する事態である。

国（文部省）は、子どもたちが何かにせき立てられることもなく、本当に解放された自由な時間を保障すべき義務を負っている。親も、子どもの成長と発達にとって何を保障していかなければならないかを、子どもの立場でもう一度見直してみることが必要である。」

（なお、「子どもの権利条約」批准後の、国連の「いじめ」問題などの勧告については、駒草出版発行の『問われる子どもの人権』（日本弁護士連合会編）を参照してください）

いじめこうすれば防げる

ノルウェーにおける成功例

ダン・オルウェーズ 著
松井賚夫・角山剛・都築幸恵 訳

川島書店
1995年10月
1748円（税込）

どうすれば「いじめ」を防げるか

学校なんて大きらい　みんなで命を削るから
先生はもっときらい　弱い心を踏みつけるから

今から三十年ばかり前（一九八四年十二月）、こんな詩を残して、長野県北西部の寒村の中三の少女が、自ら命を絶ちました。

その頃、北欧のノルウェーでも三人の小・中学生がいじめにあい自殺したことで「いじめ防止全国キャンペーン」が発足しました。

ノルウェー政府は、いち早くそれまで二十年にわたっていじめについて調査・研究を進めてきたオルウェーズ教授に依頼し「いじめ防止プログラム」を作成、教育現場での実践の基本をつくりあげたのです。それが本書に収められた第Ⅰ・Ⅱ部の部分です。

第Ⅰ部で「いじめの実態」を明解に説明したあと、第Ⅱでそのプログラムの内容は三つの「レベル対策」として書かれています。

「学校」では、校庭の監督と魅力ある校庭づくり、学校体制づくりのための教師のグループなど、「学級」ではクラスのルールづくり、賞、罰、クラスPTA、「個人」では、いじめている（られている）生徒との話し合い、両親との話し合い、いじめている（られている）生徒の親は何ができるか、クラス替えと転校など全二十二項目にわたり具体的に魅力的な「対策」が実践的に書かれており、日本のいじめ対策と比較して考える上で役立ちます。

一部引用紹介します。

〈前提となる要件〉

○大人の側の問題意識と真剣な取り組み

〈学校レベルでの対策〉

○いじめアンケート調査――いじめの実態把握
○全校会議――いじめ問題の討議と長期活動計画の策定
○休み時間・昼休みにおける監督方法の改善
○魅力ある校庭づくり
○電話による接触――いじめホットライン
○PTA会合――学校側の決意表明と家庭との協力体制の確立
○全校的体制づくりのための教師グループ
○親のいじめ問題勉強会

（以下、〈クラスレベルの対策〉〈個人レベルの対策〉とつづきますが省略します。）

いじめにとって大切なことは、その結果で、それが第Ⅲ部に「効果」として書き下されていることです。二年後に行われた追跡調査では、いじめ発生頻度が半分に減少し、反社会的行動（破壊行動、中毒、不登校）が減り「社会的風土」と学校生活に対する児童・生徒の満足度が改善されたと書いています。

子どもの自殺が、社会問題化する発端となった点では、ノルウェーもわが国と同じですが、いじめへの取り組みは十年以上もノルウェーが先行しているのです。いじめ防止のことで学ぶことがたくさん書かれている本です。

※現在、品切れ、絶版となっております。

いじめを考える資料

《資料1》
国連の「子ども（児童）の権利に関する条約」と日本のいじめ問題について

日本が「子ども（児童）の権利に関する条約」を批准したのは1994（平成6）年でした。この間、日本政府の報告書に対して、国連は3回にわたって見解を示してきています。2010年6月に、「子ども（児童）の権利に関する条約」に関する「第3回政府報告書審査後の国連子ども（児童）の権利委員会の最終見解（総括所見）」を国連は採択しました。

ここでは、日本のいじめ問題に関わる指摘の項目のみをぬき出して紹介します。

なお、くわしくは、小社発行の『問われる子どもの人権』（日本弁護士連合会編）を参照してください。

15　委員会は、子ども・若者育成支援推進法（2010年4月）などの多くの具体的措置がとられてきたことを歓迎するとともに、すべての子どもの成長を支援し、かつ子どもを全面的に尊重するために政府の体制一元化を図ることを目的とした「子ども・子育てビジョン」および「子ども・若者ビジョン」の策定に関心をもって留意する。しかしながら委員会は、条約のすべての分野を網羅し、かつ、とくに子どもたちの間に存在する不平等および格差に対応する、子どものための、権利を基盤とした包括的な国家行動計画が存在しないことを依然として懸念する。

21　委員会は、子どもおよびその活動に関する相当量のデータが定期的に収集されかつ公表されていることを理解する。しかしながら委員会は、条約が対象としている一部の分野に関してデータが存在しないこと（貧困下で暮らしている子ども、障害のある子どもおよび日本国籍を有していない子どもの就学率ならびに学校における暴力およびいじめに関するものを含む）に懸念を表明する。

41　「自殺に関する総合対策の緊急かつ効果的な推進を求める決議」などを通じ、子ども、とくに思春期の青少年の間で発生している自殺の問題に対応しようとする締約国の努力には留意しながらも、委員会は、子どもおよび思春期の青少年が自殺していること、および、自殺および自殺未遂に関連したリスク要因に関する調査研究が行なわれていないことを依然として懸念する。委員会はまた、子どもの施設で起きている事故が、そのような施設で安全に関する最低基準が遵守されていないことと関連している可能性があるという情報にも懸念する。

42　委員会は、締約国が、子どもの自殺リスク要因について調査研究を行い、防止措置を実施し、学校にソーシャルワーカーおよび心理相談サービスを配置し、かつ、困難な状況にある子どもに児童相談所システムがさらなるストレスを課さないことを確保するよう勧告する。委員会はまた、締約国が、官民問わず、子どものための施設を備えた機関が適切な最低安全基準を遵守することを確保するようにも勧告する。

43　司法上および行政上の手続、学校、子ども施設ならびに家庭において子どもの意見は考慮されているという締約国の情報には留意しながらも、委員会は、正式な規則では年齢制限が高く定められていること、児童相談所を含む児童福祉サービスが子どもの意見をほとんど重視していないこと、学校において子どもの意見が重視される分野が限定されていること、および、政策策定プロセスにおいて子どもおよびその意見に言及されることがめったにないことを依然として懸念する。委員会は、権利を有する人間として子どもを尊重しない伝統的見解のために子どもの意見の重みが深刻に制限されていることを依然として懸念する。

44　条約第12条および意見を聴かれる子どもの権利に関する委員会の一般的意見12号（２００９年）に照らし、委員会は、締約国が、あらゆる場面（学校その他の子ども施設、家庭、地域コミュニティ、裁判所および行政機関ならびに政策策定プロセスを含む）において、自己に影響を及ぼすあらゆる事柄に関して全面的に意見を表明する子どもの権利を促進するための措置を強化するよう勧告する。

70　委員会は、日本の学校制度によって学業面で例外的なほど優秀な成果が達成されてきたことを認めるが、学校および大学への入学を求めて競争する子どもの人数が減少しているにも関わらず過度の競争に関する苦情の声があがり続けていることに、懸念とともに留意する。委員会はまた、このような高度に競争的な学校環境が就学年齢層の子どものいじめ、精神障害、不登校、中途退学および自殺を助長している可能性があることも、懸念する。

71　委員会は、学業面での優秀な成果と子ども中心の能力促進とを結合させ、かつ、極端に競争的な環境によって引き起こされる悪影響を回避する目的で、締約国が学校制度および大学教育制度を再検討するよう勧告する。これとの関連で、締約国は、教育の目的に関する委員会の一般的意見1号（２００１年）を考慮するよう奨励される。委員会はまた、締約国が、子ども同士のいじめと闘う努力を強化し、かつそのような措置の策定に子どもたちの意見を取り入れるよう勧告する。

83　委員会は、２０００年の少年法改正においてどちらかといえば懲罰的なアプローチが採用され、罪を犯した少年の権利および司法上の保障が制限されてきた旨の、締約国の第2回報告書（CRC/C/104/Add.2）の検討を受けて２００４年2月に表明した前回の懸念（CRC/C/15/Add.231）をあらためて繰り返す。とりわけ、刑事責任年齢〔刑事手続適用年齢〕が16歳から14歳に引き下げられたことにより、教育的措置がとられる可能性が低くなり、14～16歳の多くの子どもが矯正施設への収容の対象とされている。また、重罪を犯した16歳以上の子どもは刑事裁判所に送致される可能性があり、審判前の勾留期間は4週間から8週間に延長され、かつ、非職業裁判官制度である裁判員制度は、罪を犯した子どもを専門の少年裁判所が処遇することの障害となっている。

いじめ問題が深刻な事態になるたびに、文部科学省はその都度、関係する部署に通知を発してきました。以下の資料は、2が文部科学省、3が警察庁のものです。最近起きている「いじめ」問題の深刻さをふまえて出された通知・通達です。本書で提起している「いじめ」問題へのさまざまな提言を下敷きにして読んでみてほしい資料です。

《資料2》

文部科学省初等中等教育局長の通知

いじめ問題への的確な対応に向けた警察との連携について（通知）

24文科初第１０７４号　平成25年1月24日

各都道府県教育委員会教育長・各指定都市教育委員会教育長・各都道府県知事・附属学校を置く各国立大学法人学長

小中高等学校を設置する学校設置会社を所轄する構造改革特別区域法第12条第1項の認定を受けた各地方公共団体の長殿

文部科学省初等中等教育局長　布村　幸彦

いじめ事案に関する学校と警察との連携については、「犯罪行為として取り扱われるべきと認められるいじめ事案に関する警察への相談・通報について」（平成24年11月2日付け文部科学省大臣官房子ども安全対策支援室長・初等中等教育局長通知）において、学校から警察へ適切に相談・通報し、警察と連携した対応を図ること等を求めているところです。

本日、警察庁において、各都道府県警察の長等に対し、別添のとおり、「学校におけるいじめ問題への的確な対応について」（以下「別添通知」という。）が発出され、警察としても、いじめ事案への必要な対応を的確に行うため、これまで以上に学校との連携を強化しなければならないことなどが示されました。

別添通知においては、警察における、いじめ問題への対応に関する基本的な考え方が示されているほか、いじめ事案の早期把握について、「学校等との連携強化による早期把握」のため、積極的に進めるべき取組が具体的に示されています。ここに示された事項については、学校及び教育委員会等としても、主体的に警察と連携・協力し、取組を進めていただくべきものであると考えます。

また、別添通知においては、把握したいじめ事案について、警察として適確な対応を行うための配意すべき点が具体的に示されていますが、学校及び教育委員会等が、警察における対応の考え方を理解し、いじめ事案に関して、警察に対し適切に連携を求めていくことは、重要なことです。

ついては、都道府県・指定都市教育委員会教育長にあっては所管の学校及び域内の市区町村教育委員会等に対して、都道府県知事及び構造改革特別区域法第12条第1項の認定を受けた地方公共団体の長にあっては所轄の学校法人及び学校設置会社に対して、国立大学法人学長にあっては設置する附属学校に対して、下記の事項に留意の上、別添通知について周知を図り、学校と警察の連携の一層の強化が図られるよう、御指導をお願いします。

記

1　警察との連携強化によるいじめ事案の早期把握（別添通知2（3）関連）

2　警察と連携したいじめ事案への適確な対応（別添通知4関連）

（1の（1）～（2）、2の（1）～（4）省略）

《資料3》

警察庁生活安全局長の通達

学校におけるいじめ問題への的確な対応について

各都道府県警察の長　殿

（参考送付先）

庁内各局部課長・各附属機関の長・各地方機関の長

警察庁丙少発第1号　平成25年1月24日

警察庁生活安全局長

昨今、いじめを受けていた少年が自殺等深刻な事態に至ったという重大な事案が発生するなど、学校におけるいじめ問題をめぐり少年の保護と非行防止の両面から憂慮すべき事態が生じている。

学校におけるいじめ問題については、一義的には教育現場における指導により重大な結果に至る前に解決されるべきものであるが、警察としても、いじめ事案への必要な対応を適確に行うため、早期把握に努めていく必要がある。いじめ事案は学校を中心に発生することから、学校が認知したいじめ事案について適時・適切に連絡を受けることが必要不可欠であるなど、いじめ事案に的確に対応するためには、これまで以上に学校との連携を強化しなければならない。

そこで、各都道府県警察にあっては、下記のとおり、学校や教育委員会等とこれまで以上に緊密な関係を構築するなどして、学校におけるいじめ問題に的確に対応されたい。

なお、本通達は文部科学省と協議済みであることを申し添える。

記

1　学校におけるいじめ問題への対応に関する基本的な考え方

学校におけるいじめ問題については、教育上の配慮等の観点から、一義的には教育現場における対応を尊重しつつも、犯罪行為（触法行為を含む。以下同じ。）がある場合には、被害少年や保護者等の意向や学校における対応状況等を踏まえながら、警察として必要な対応をとっていかなければならない。特に、被害少年の生命・身体の安全が脅かされているような重大事案がある場合は、捜査、補導等の措置を積極的に講じていく必要がある。

2　いじめ事案の早期把握

3　いじめ事案に関する情報の集約及び共有等

4　把握したいじめ事案への適確な対応

（2、3、4省略）

（なお、平成25年5月16日に、「早期に警察へ相談・通報すべきいじめ事案について（通知）」が出されています。これは、どのような行為が犯罪行為に該当するかについて詳細に示したものです。くわしくは、文部科学省ホームページを検索してください。）

さくいん

いじめを考える100冊の本編集委員会

〈編集委員〉

太田昭臣《おおたあきおみ》

一九三〇年（昭和五年）茨城県生まれ。一九二六年日本大学芸術科卒業。民間会社勤務後、茨城県内中学校教師として三十九年間勤務、退職。一九九一年沖縄に赴任、琉球大学教授となり一九九六年退官。現在、社会福祉法人栗の実福祉会理事。

遠藤芳男《えんどうよしお》

一九五〇年（昭和二十五年）埼玉県生まれ。一九七三年新潟大学人文学部卒業。教師歴三十七年。埼玉県立上尾高校定時制勤務後、二〇一〇年定年退職。現在、川口自主夜間中学スタッフ。著書に『改訂 卒業 高校生に詩を書かせた先生』（駒草出版）等。

生方孝子《うぶかたたかこ》

一九六五年、早稲田大学卒業。教育、福祉、女性問題などの図書の編集にたずさわる。一九九五年、編集事務所を設立、今日に至る。

〈協力（あいうえお順）〉

跡邊千香子　紀伊國屋書店新宿南店（P31、32～33、42～43、100～101）
有馬美子　紀伊國屋書店新宿本店（P64～65）
飯山明子　紀伊國屋書店新宿本店（P68～69）
内田真紀子　紀伊國屋書店新宿本店（P98～99）
大塚梓　紀伊國屋書店新宿本店（P20～21）
金子美佳　紀伊國屋書店新宿本店（P22～23）
住吉甲菜　読みきかせ活動中（P18～19、48～49、96～97）
長澤和子　読みきかせ活動中（P24～25、60～61）
葉石麻実　紀伊國屋書店新宿南店（P202～203）
村山康隆　紀伊國屋書店玉川高島屋店（P46～47）
吉川仁美　丸善ラゾーナ川崎店（P28～29、44～45、52～53）

いじめを考える100冊の本

二〇一三年　八月二十九日　初版発行

編　者　いじめを考える100冊の本編集委員会

発行者　井上 弘治

発行所　**駒草出版**　株式会社ダンク 出版事業部
〒一一〇−〇〇一六
東京都台東区台東三−一六−五　ミハマビル九階
TEL　〇三(三八三四)九〇八七
FAX　〇三(三八三一)八八八五
http://www.komakusa-pub.jp/

印刷・製本　シナノ印刷株式会社

[本文組版]　Mojic
[撮影]　新堀 晶（駒草出版）
[ブックデザイン]　宮本 鈴子（ダンクデザイン部）

落丁・乱丁本はお取り替えいたします。
定価はカバーに表示してあります。

ISBN 978-4-905447-18-4

既刊案内

問われる子どもの人権

子どもの権利条約・日弁連レポート

日本の子どもたちがかかえるこれだけの問題

日本弁護士連合会 編

A5判・並製・328頁

子どもの貧困、
暴力を伴うしつけ、
いじめ、自殺など、
日本の子どもを
取り巻く環境は、依然、
問題を抱えたままです。

日本が1994年に批准した国際条約「子どもの権利条約」。

批准後、国連は日本の子どもたちが抱えるさまざまな問題を調査し、過去3回にわたって日本政府に具体的な事例を挙げて改善を求めています。

本書は国連の勧告に対して政府が回答した取り組み内容について、日弁連があらためて検証し、問題点を提起。

資料として「子ども（児童）の権利に関する条約」を全文掲載。

定価 2,000円＋税